Edición: Buenos Aires, 1ra. edición noviembre de 2019, 300 ejemplares.

ISBN: 978-84-18095-05-4

Código THEMA: JBFH [Migración, inmigración y emigración],
JHMC [Antropología social y cultural, etnografía],
LNDA1 [Extranjería. Derecho de la inmigración]

Código IBIC: JFFN [Migración, inmigración y emigración],
JHMC [Antropología social y cultural, etnografía],
YXN [Cuestiones pers. y sociales: racismo y multiculturalismo]

Diseño: Gerardo Miño
Composición: Eduardo Rosende

MIÑO y DÁVILA
EDITORES

Página web: www.minoydavila.com

Mail producción: produccion@minoydavila.com
Mail administración: info@minoydavila.com

Dirección postal: Miño y Dávila s.r.l.
Tacuarí 540. Tel. (+54 11) 4331-1565
(C1071AAL), Buenos Aires.

colección

*Antropología,
estudios culturales
y relaciones de poder*

dirigida por Sergio Caggiano y Fernanda Figurelli

*La colección se propone recoger y difundir trabajos que
aporten al vasto campo de estudios del poder desde
la antropología y los estudios culturales. El horizonte
problemático que la orienta se estructura en torno a una
concepción relacional del poder, que lo entiende como
un ejercicio productivo y abierto a la dinámica histórica,
sin formas y contenidos predefinidos. Orientarse por una
concepción relacional conlleva sostener el desafío de
superar la división entre lo macro y lo micro, indagando
cómo las configuraciones de poder se entretejen
dinámicamente desde los intercambios cotidianos. Conlleva
también el interés por múltiples escalas de análisis y por
las complejas conexiones y articulaciones entre ellas,
por el modo en que lo global y lo local se producen a
partir de relaciones sociales concretas. Recogiendo líneas
de indagación de la tradición antropológica y de los
estudios culturales, también ocupa un lugar destacado
dentro del horizonte problemático de esta colección el
análisis de categorías y clasificaciones sociales con las que
organizamos nuestros mundos heterogéneos.*

*La colección se abre a distintas áreas y tipos de trabajo:
investigaciones empíricas o bibliográficas que revisan
aportes o limitaciones en los estudios del poder y
procuran una mirada original para su comprensión,
que abordan los procesos de producción y reproducción
de diferencias y desigualdades en torno a distintas
dimensiones como clase social, género, etnicidad,
nacionalidad, edad, etc., que indagan las relaciones de
poder involucradas en las categorías de percepción del
mundo o que problematizan las formas de poder ligadas
a las propias prácticas de investigación y formación en
nuestros campos disciplinares, entre otras.*

A Fer y Timoteo

Sergio Caggiano

Las migraciones como campo de batallas

Desigualdades, pertenencias y conflictos en torno a la movilidad de las personas

MIÑO y DÁVILA
◆ E D I T O R E S ◆

Índice

PREFACIO

El objeto de estudio de este libro se muestra particularmente dinámico en años recientes. Los procesos de clasificación y categorización de la movilidad de las personas y las luchas en torno a las desigualdades y las pertenencias en juego en estos procesos cambian en el tiempo y, a la vez, se especifican en cada país y región.

Como casi todos los libros, este ha visto pasar un tiempo entre la recolección y análisis de los materiales y su publicación. La gestión del estado argentino en manos del macrismo (2015-2019) ha sido incorporada parcialmente a la investigación. Su avanzada en la criminalización de las migraciones, el control de las fronteras y la promoción explícita de la deportabilidad como tema y la deportación como práctica supuso un quiebre con las políticas del período 2003-2015, estructuradas según una lógica de derechos humanos y una perspectiva regionalista. Esto ha sido recuperado con mayor detenimiento en otros trabajos propios y de colegas que aparecen citados a lo largo del libro. Por lo demás, tras las últimas elecciones presidenciales en el país, cabe esperar que nuevos cambios se den en otra dirección, que sin dudas no dibujarán un simple movimiento de vaivén.

Por otro lado, la securitización de los desplazamientos de las personas y el control de las fronteras es un proceso común que ha ido consolidándose en las últimas décadas en gran parte del mundo y que se ha expandido con fuerza en América Latina, particularmente con la llegada al poder de viejas nuevas derechas, al menos en el sur del subcontinente. Las retóricas internacionales y globales del control de las fronteras y la ilegalidad se materializan de formas concretas, atadas a historias nacionales y regionales. El tradicional desequilibrio en el norte del continente ha permitido, por ejemplo, que sectores dirigentes de los Estados Unidos requieran a México el control ya no de *su* población, sino de los contingentes migrantes procedentes de Centroamérica. Este caso, que también podría verse afectado por recientes reordenamientos políticos en México, recuerda los procesos de externalización de las fronteras de la Unión Europea, asentados en relaciones coloniales y poscoloniales. Volviendo a la Argentina, la construcción de amenazas en torno a delitos transnacionales ha vinculado las cuestiones migratoria e indígena, motorizando las nociones de nacionalidad, ciudadanía y extranjería en relación con el acceso a recursos y el derecho a la tierra o los territorios.

Las variaciones históricas y geográficas podrían precisarse más y requieren actualizaciones periódicas. Pero lo que el presente libro aborda son las coordenadas generales sobre las que estas variaciones temporales y espaciales se dan. Los tres conjuntos de actores cuyas intervenciones el libro atiende -organismos internacionales, dependencias estatales, organizaciones sociales- están presentes de manera determinante en cada uno de los escenarios anteriores. Y los conflictos entre ellos (entre los tres tipos de actores, pero también dentro de cada uno de estos conjuntos heterogéneos) se despliegan siempre en torno a desigualdades. No solo para legitimar o cuestionar tales desigualdades, sino, antes que eso, para definirlas, para establecer su naturaleza, volverlas parte de la discusión política o, por el contrario, disimular sus aristas controversiales.

Cuando las personas se mueven, suelen atravesar fronteras físicas y simbólicas, y al hacerlo atraviesan sistemas clasificatorios con sus posiciones y relaciones de clase, género, generacionales, étnicas y otras. En este sentido, el libro propone un prisma desde el cual mirar las pujas en la categorización de la movilidad humana y las desigualdades inevitablemente entrelazadas y mutuamente constitutivas que implican. Así, intentar comprender las disputas en torno a la movilidad de las personas se convierte en un intento por comprender también la estructuración de asimetrías y jerarquías que involucran a quienes no se mueven, tanto como a quienes sí lo hacen.

INTRODUCCIÓN

"Nunca me había pensado como migrante": categorías y clasificaciones en un campo de batallas

Los orígenes de este libro se remontan a mis iniciales tanteos como investigador. A finales de la década de 1990, en uno de mis primeros trabajos de campo, una mujer boliviana que llevaba varios años en Argentina me miró con cierta sorpresa ante la pregunta que acababa de hacerle. "*Migrante* –repitió–, qué interesante, nunca me había pensado como *migrante*" (Blanca, 36 años, 14 de residencia al momento de la entrevista, en 1999). Más allá de llamar mi atención sobre lo erróneo de algunas elecciones metodológicas, la escena abrió para mí un proceso de reflexión que me acompañaría por muchos años. Lo que mi entrevistada puso de manifiesto fue un desajuste entre mi propio encuadre y las concepciones que ella tenía de sus vivencias. Involuntariamente, mi pregunta ingenua había hecho comparecer densos fragmentos de historias estatales. Los estados habían engendrado y alimentado categorías con las que captar o capturar una porción de la vida de personas como Blanca. Pero ella entendía su propia vida echando mano a otras categorías. Comprendí, entonces, que la clave no es qué tan acertados o desacertados puedan ser nuestros términos, sino el modo en que ellos participan de un despliegue mayor de categorías sostenido por una diversidad de agentes sociales.

La migración o –parafraseando a Tönnies– la movilidad espacial de las personas (citado en Pries, 1997: 122), desata un
proceso virtualmente interminable de regulaciones o intentos
de regulación. La construcción del objeto y el problema de *la migración* y *los migrantes* es un proceso teórico y político en el que
intervienen los estados a distinta escala, los propios migrantes a
través de asociaciones, otras organizaciones de la sociedad civil
(OSCs) dedicadas al tema, organismos internacionales, científicos
y académicos, entre otros actores. Las intervenciones apuntan a
los flujos de personas, cosas, saberes y símbolos. Es este conjunto de intervenciones lo que anuda a las migraciones como tema,
objeto o problema. Pero la atadura es momentánea, porque los
actores tienen posiciones no solo diferentes, sino muchas veces
discrepantes y hasta enfrentadas.

Los interrogantes de este libro se abren contra el horizonte
general de la clasificación social, entendida como resultado de un
proceso conflictivo. Instituciones y formaciones sociales, políticas y culturales producen y propagan categorías y clasificaciones
con las cuales las personas viven y experimentan sus posiciones
y relaciones (Hall, 2003a; Bourdieu, 1982; Ortner, 2006; Douglas
y Hull, 1992). ¿Qué discursos y medidas construyen la migración
como un tema, como un objeto o como un concepto?, ¿qué ope-
raciones circunscriben a las migraciones en las disciplinas cien-
tíficas y en las políticas públicas? El presunto objeto se unifica y
al mismo tiempo se agrieta y fragmenta, se multiplica y se vuelve
a reunir. Migración interna / migración internacional; migración
económica ¿versus? refugio político, ¿migración económica o
laboral?, migración voluntaria e involuntaria, feminización de
las migraciones, migración y desarrollo, migración de retorno...
Estas categorías juntan y distinguen, ordenan problemas, conceptos y modos de actuación, legitiman demandas e intereses,
postulan agentes sociales, a veces como víctimas o victimarios,
y designan especialistas.

¿Qué encontramos en estas categorías y clasificaciones?, ¿simples opciones para el reparto científico y la división de tareas de
organismos estatales y supraestatales? ¿Qué se pone en juego en
este reparto y división, en su constante revisión, en las delimita-
ciones de un objeto o tema que vuelve a descomponerse y generar una relativa dispersión? ¿Se trata de la exactitud o inexactitud
de unos nombres, es decir, de la mejor o peor adecuación de las
categorías y clasificaciones a una realidad difícil, que muta en el

tiempo? ¿O se trata de cómo la realidad queda dicha por estas categorías en tensión? Puede que se trate de ambas cosas. Pero se trata, antes que nada y fundamentalmente, de que este juego de tensiones es resultado de la intervención de actores sociales concretos, que definen posiciones, circunscriben pertenencias, perfilan intereses, ventajas y desventajas relativas (Yuval-Davis, Anthias y Kofman, 2005). Es en este sentido que en nuestras sociedades las migraciones constituyen un campo de batallas.

La movilidad de las personas hace visibles las costuras de la organización social del espacio y nos recuerda el carácter construido de la clasificación que ella sostiene (Douglas, 1978). Basta una reflexión mínima para advertir la carencia de estudios sobre el sedentarismo, por ejemplo. Y lo que claramente atrae la atención de los desplazamientos, por lo demás, no es su magnitud, sino el hecho de que atraviesen fronteras. Es el atravesamiento de fronteras lo que desata repartos institucionales, gnoseológicos y políticos alrededor de la movilidad, como advirtiera tempranamente Sayad (1998) a propósito de la división del trabajo entre estudiosos de la inmigración y de la emigración, y como puede apreciarse en las restantes diferenciaciones referidas (migración interna e internacional, voluntaria e involuntaria, etc.). La dimensión temporal también es clave para entender este campo de luchas. El tiempo es definitorio de qué está haciendo alguien que se desplaza en la distinción entre el *daily commute*, la migración definitiva y la miríada de opciones intermedias.

Además, los espacios y los tiempos se enredan en la experiencia migratoria. Alguien puede residir *aquí* y, en ciertos aspectos de su vida, estar *allí*. ¿Con qué compara un migrante sus logros y fracasos?, ¿con quién compite y con quién se solidariza?, ¿para quién trabajar?, ¿dónde proyectar el futuro?, ¿cómo calibrar el tiempo en los diferentes espacios que la persona en movimiento habita? No se trata solamente de las subjetividades involucradas, sino de las acciones de una cantidad de agentes sobre los espacios y tiempos de la migración: ¿cuánto tiempo de residencia habilita un cambio de estatuto jurídico en torno de la nacionalidad y la extranjería?, ¿cuánto tiempo puede estar alguien fuera de su país sin perder la ciudadanía? Puede suceder que un migrante tenga derecho a votar localmente pero no nacionalmente. También que, sin moverse, sus descendientes adquieran derecho a voto (y trabajo o beneficios sociales) en el país de origen de sus ancestros si por un cambio de política este pasa a considerarlos "residentes en el extranjero" y no ya "extranjeros".

Las migraciones y desplazamientos juegan un papel fundamental en "la transformación de la sociedad humana y en su estructura institucional / organizacional"[1] (Piper, 2006: 152). Sus desajustes y enredos espaciales y temporales desencadenan rectificaciones en los sistemas de clasificación existentes y en sus categorías, y engendran nuevos arreglos. Señalar que las categorías y clasificaciones que procuran dar cuenta de la movilidad de las personas son un constructo social no es ninguna respuesta. Es apenas el punto de partida para las preguntas. Las distinciones entre movilidades y entre personas en movimiento (pioneros, migrantes de X generación, ilegales, naturalizados, trabajadores invitados, retornados, refugiados...) impactan directamente en las vidas de los protagonistas, de sus familias y, más o menos directamente, en las de otros sectores sociales. Las personas se mueven y hacen sus vidas en un mundo clasificado y en proceso de clasificación. Pero son también estas y otras personas, individualmente o en redes, grupos, organizaciones e instituciones las que manejan estas definiciones y categorías, las aceptan o las discuten, las ponen en tensión y proponen otras. Las personas hacen su propia historia con sistemas clasificatorios que no han elegido.

Este libro aborda el papel de distintas organizaciones sociales de migrantes y no migrantes, de agencias estatales y de entidades supraestatales, en la definición de los intereses en torno de la migración, de las vías legítimas para reclamar por recursos y reconocimientos, de los criterios para determinar pertenencias y exclusiones. El campo de luchas está atravesado por desigualdades múltiples que se intersectan. Los actores ocupan posiciones desiguales. Pero el análisis procura no obnubilarse por la más visible de estas relaciones de poder, aquella entre migrantes y aparatos de estado reguladores. Sin olvidarla o subestimarla, el objetivo es entender los procedimientos, fuerzas y mecanismos a los que los distintos actores recurren. Una organización puede resistir la discriminación étnico-nacional de que son objeto los migrantes, por ejemplo, mientras pasa por alto las desigualdades de género o de clase entre los mismos migrantes. En otro caso, la adscripción étnica indígena de un sector de los migrantes, producto de diálogos y aprendizajes con organismos de las Nacio-

---

1.   Todas las traducciones son del autor.

nes Unidas, los coloca en una situación ventajosa para luchar por derechos en relación con otros migrantes que son explotados únicamente en tanto que trabajadores. El campo de luchas que las migraciones constituyen no supone un único enfrentamiento entre dos o más bandos claramente demarcados, sino una cantidad de combates cuyos efectos de agregación o compensación es necesario dilucidar.

Actores: variaciones en escalas y tiempos

En un libro clásico de las postrimerías del siglo XX, Castles y Miller (2010) identificaron seis tendencias que marcarían, según decían, la movilidad humana de las primeras décadas del siglo en curso: a) la globalización de las migraciones, b) su aceleración, c) su diferenciación, d) la feminización y la creciente conciencia en el papel de las relaciones de género, e) la politización y f) el cambio de perfiles de países y regiones, que dejaban de ser exclusivamente emisores, receptores o de tránsito para dar lugar a combinaciones múltiples de estas alternativas.

La primera tendencia y la última, íntimamente vinculadas, parecen haberse verificado y generan consenso entre los especialistas. La tendencia a la aceleración ha mostrado ser más discutible. Desde la demografía histórica, Le Bras (2003: 9) sugirió que "las migraciones internacionales eran mucho más frecuentes hace un siglo que ahora", y lo hizo distinguiendo la migración, que supondría un cambio de residencia sin plan de retorno, de otras movilidades que sí habían crecido considerablemente, sin por ello dejar de advertir que la reducción de tiempo y costo de los desplazamientos difumina la línea de distinción entre ambos procesos.

Las tres restantes son las que más interesan aquí porque permiten advertir la importancia de los procesos de clasificación y categorización sobre los que este libro se detiene. La diferenciación de las migraciones, es decir, la identificación de más y más modalidades y actores en el proceso migratorio, presupone la producción de las categorías de diferenciación. Ningún proceso social puede ser reconocido como heterogéneo (o como homogéneo) sin tales categorías. La feminización, a su vez, es una forma particular de esa diferenciación, y la conciencia del papel jugado por las relaciones de género no es sino el resultado de intervenciones políticas que lo subrayan. La politización, por último, es el nombre general para estas intervenciones que postulan intereses, demandas y criterios para su arbitraje en ese campo de luchas que las migraciones constituyen.

Ya en el siglo XXI otros autores agregan dos fuerzas motoras de los cambios en los procesos migratorios. La primera, destacada por Appadurai (2001), son las tecnologías. La segunda, medular en un volumen más reciente de Pries y Sezgin (2012), las organizaciones. El presente libro pone el foco precisamente en ellas como protagonistas de las batallas que estudia. Desde la conformación del sistema de estados nación hasta la actualidad, las organizaciones en torno a la movilidad humana se han multiplicado, especificado y vuelto más visibles. No solo las de base o integradas por migrantes, sino también otras OSCs, dependencias estatales y organismos inter o transnacionales dedicados al tema. Queda pendiente hacer la arqueología de esta proliferación y redefinición institucional y organizacional, que es a la vez consecuencia y causa de la conformación y ampliación del campo de luchas en torno de la movilidad de las personas.

Los desplazamientos humanos en general, y de ahí el "gobierno internacional de las fronteras", conforman "un campo de especialización e intervención saturado, heterogéneo y, a veces, disputado" (Andrijasevic y Walters, 2010: 979). Personalmente prefiero prescindir incluso de la locución adverbial "a veces": la especialización y las intervenciones en torno de estos desplazamientos siempre suponen disputas. ¿Quiénes son los actores que saturan este campo diverso y controversial?, o, en palabras de Sassen (2010: 369), "¿quiénes son todos los actores que participan en la producción de ese resultado que llamamos «inmigración»?". Como la autora se responde, "son muchos más que los propios migrantes". *Las migraciones como campo de batallas* se interesa, aunque con intensidad dispar, por el papel que juegan tres conjuntos de actores: las agencias internacionales y las organizaciones no gubernamentales (ONGs) globales, las dependencias estatales y las organizaciones sociales de migrantes, principal núcleo vertebrador de las preguntas. Los capítulos presentan diferentes escenarios de la migración e interrogan el papel de las organizaciones sociales de –o para– migrantes, en diálogos tensos y a múltiple escala con organismos internacionales, estados y otras OSCs.

Organismos internacionales

Los organismos internacionales y las ONGs globales y transnacionales que trabajan en alianza con ellos caracterizan el estado
actual de las migraciones y son parte sustantiva de los avances
hacia la "gobernanza global de las migraciones" (Kalm, 2008: 36
y ss.). Tienen especial peso en esta tarea los organismos de Naciones Unidas: la División Población del Departamento de Asuntos Económicos y Sociales –DESA–, la Organización Internacional
para las Migraciones –OIM–, el Alto Comisionado de las Naciones
Unidas para los Refugiados –ACNUR–, el Fondo de Población de
las Naciones Unidas –UNFPA– y la Organización Internacional
del Trabajo –OIT. En términos generales, no buscan frenar los
flujos migratorios sino crearles canales, ordenarlos, permitir su
dinámica regulada.

Los organismos buscan incidir en el funcionamiento ordina-
rio y rutinario de los agentes involucrados en la *gestión de las
migraciones*. Producen y distribuyen estudios, informes y guías
para la actuación, realizan recomendaciones técnicas y auspician
herramientas jurídicas y administrativas, promueven acuerdos
y pactos, entrenan a autoridades y fuerzas de seguridad, impul-
san seminarios y, en todas estas intervenciones, ofrecen temas,
conceptos, datos y modos de abordaje que moldean enérgica-
mente las aproximaciones a la movilidad humana (Kalm, 2008;
Mansur Dias, 2014).

Por estos medios establecen lineamientos claros para encua-
drar el accionar de agentes estatales y de otros abocados a esta
gestión. Promueven la cooperación de los estados con otros estados, con organismos regionales interestatales (como la Unión
Europea o el MERCOSUR –Mercado Común del Sur–), organizaciones no gubernamentales, asociaciones del sector privado y,
desde luego, con los propios organismos internacionales, individualmente considerados o como parte de conglomerados como
el Global Migration Group, que reúne a los ya mencionados junto
con la Oficina de Drogas y Crimen de las Naciones Unidas, el Banco
Mundial, la Conferencia de las Naciones Unidas sobre Comercio
y Desarrollo –UNCTAD– y otros (Kalm, 2008).

La *securitización* tiñe el tratamiento de la movilidad humana por parte de los organismos internacionales. La insistencia
en el eventual vínculo de la migración con la (in)seguridad y la
criminalidad "ha ayudado a aproximar la cuestión migratoria al

campo de la justicia criminal" (Mansur Dias, 2014: 559). La OIM, por ejemplo, ha jugado un papel clave en la adecuación de las políticas migratorias de América Latina y otras regiones del globo "a las aspiraciones del norte global" (Mansur Dias, 2014: 567). Su énfasis en las ilegalidades y delitos a que el movimiento de personas podría dar lugar conduce a enfocar las fronteras como "mecanismos privilegiados en la vigilancia de los movimientos y flujos globales" (Andrijasevic y Walters, 2010: 985). Su producción profesional de categorías configura un lenguaje cuasi policial –*falsificación*, *control*, *contrabando*, *ilegalidad*, *tráfico*– para tratar las problemáticas que ellos mismos definen como prioritarias (Mansur Dias, 2014: 575).

Por cierto, la difusión de la securitización es compleja. Sus categorías se extienden enredadas en el lenguaje internacional de derechos. De la mano de la defensa de los derechos individuales y la integridad de niños y niñas migrantes o de mujeres o de trabajadores suelen ir los pedidos de detección de las redes de criminalidad que en ocasiones los victimizan y que son, a la vez, nodos fundamentales de los circuitos migratorios. Esta es una de las formas en que el paradigma de los derechos humanos puede habitar la gubernamentalidad neoliberal. Otra es el modo en que la regulación documentaria de los migrantes se diseña en clave instrumental, fundada en cálculos utilitarios acerca de los aportes del trabajo migrante al desarrollo económico (Domenech, 2013).

Desde luego, esto no agota las potencialidades políticas de dicho paradigma, que puede ampliar el horizonte de reclamos en el campo de la movilidad de las personas. Pessar da un buen ejemplo de ello al mostrar como los talleres sobre violencia, derechos humanos y género llevaron a activistas guatemaltecas refugiadas en México a incorporar una "conciencia feminista y estratégica" (Pessar, 2005: 9) a los principios étnicos y de clase por los cuales luchaban en su país de origen.

Estados nacionales

El peso estatal en la regulación de las migraciones ha sido destacado por Sayad, al problematizar el proceso mismo en el cual las preguntas por las migraciones toman forma y fuerza. "[U]na cierta definición de la inmigración y de los inmigrantes" (Sayad, 1998: 50-51) es lo primero que se juega en la regulación jurídica, política y social de las migraciones llevada adelante por los estados. También la distinción clave para Sayad entre inmigración y emigración deja ver el peso de las regulaciones estatales, en la medida en que ella resulta precisamente de la división entre estados de recepción y de envío, y de una división de trabajo consecuente en las ciencias sociales. No obstante esta sea una división puesta en entredicho en las últimas décadas por los estudios transnacionales, la reacción de los estados a las movilidades en lo que va del siglo XXI los coloca nuevamente en una posición protagónica.

Más recientemente, estudiosos de la gubernamentalidad a nivel global entienden la *gestión de las migraciones* como una búsqueda de orden y control sobre actividades que desafían los límites territoriales de los estados. Como señala Kalm, "los migrantes como categoría de intervención están constituidos, en primer lugar, por la gestión de los estados soberanos y, en segundo, por la distinción establecida en el derecho internacional entre las formas de movimiento voluntario e involuntario" (Kalm, 2008: 166). Los mencionados organismos internacionales insisten en convalidar una de las principales prerrogativas reconocidas a cada estado nación, que es la de controlar los flujos de personas –la entrada a y la salida de su territorio– y decidir a quién admitir. La regulación del movimiento aparece así como un requerimiento del desarrollo del sistema de estados (Hindess, 2004), que preserva el derecho esencial de cada uno de ellos a ejercer el monopolio de los medios legítimos de movimiento (Torpey, 2000).

Aun cuando han emergido formas de *ciudadanía flexible* y aun cuando el portador de múltiples pasaportes pueda encarnar "la ruptura entre la identidad impuesta por el Estado y la identidad personal" (Ong, 2012: 2), también los gobiernos responden de manera fluida a las condiciones cambiantes. "[S]i los sujetos móviles traman y maniobran en relación a los flujos de capital, los gobiernos también articulan con el capital y las entidades globales de maneras complejas" (*idem*: 6). Así, ante los retos planteados al vínculo entre territorio y membresía, hasta la noción de soberanía es revisada y reconceptualizada a partir de su relación con la vida y el tiempo más que con el espacio (Walker, 2004, citado en Nyers, 2006). En cualquier caso, "el estado nación sigue siendo la instancia decisiva de pertenencia, incluso en un mundo que se globaliza rápidamente (...) Lejos de escapar al control del estado, la migración está sujeta a tecnologías cada vez más sofisticadas de regulación y control" (Brubaker, 2015: 7).

El desempeño de los estados nación en relación con la migración –sea de fomento, limitación, control, selección o registro–
se ha dado a lo largo de la historia sobre el fondo de una tarea
determinante: la conformación de un pueblo o una colectividad
de ciudadanos (Stolcke, 2000; Brubaker, 2010). Los movimientos de distanciamiento y acercamiento entre la nacionalidad y
la ciudadanía interpelan a los estados en su capacidad para definir cada una y precisar sus diferencias (Soysal, 1994; Bosniak,
2000; Sassen, 2000 y 2002; Smith, 2007; Kivisto y Faist, 2007).
En torno de la nacionalidad y la ciudadanía los estados definen
las condiciones para la inclusión y la exclusión formal y para el
ejercicio de derechos, así como para la producción de ilegalidades (Balibar, 1997; De Genova, 2002 y 2013; Mezzadra, 2015).

De cara a la población inmigrante los estados emiten además
regulaciones económicas que la afectan de manera indirecta pero
significativa. Así, por ejemplo, una normativa para el empleo en
casas particulares, como la promulgada en Argentina en 2013[2],
puede beneficiar directamente a trabajadoras migrantes, como
las peruanas y paraguayas que constituyen una porción significativa del conjunto. En dirección inversa, desalojos masivos de
vendedores ambulantes, como los sucedidos en Buenos Aires
entre 2016 y 2018, pueden alcanzar a trabajadores migrantes,
que en este caso constituían alrededor del 90% de los afectados.

Como parte de la transnacionalización de las políticas migratorias de los estados receptores (Sassen, 2001), cuya manifestación más flagrante es la externalización de las fronteras de la
Unión Europea o los Estados Unidos, una de las notas sobresalien-
tes de la intervención de los estados en las últimas décadas es la
ligazón de la migración al desarrollo y el co-desarrollo. Como uno
de los corolarios de la tradición que concibe al mundo dividido
en estadios de desarrollo (cuando no de evolución), el discurso
del co-desarrollo crea a los migrantes y sus países de procedencia
como *problemas* que requieren tratamiento, y produce categorías
como la del "migrante subdesarrollado" o el "migrante inversor
en proyectos productivos", que habilitan medidas de intervención
específicas (Cortés Maisonave, 2011). El *desarrollo*, como la *seguridad*, es uno de los temas clave para los organismos internacionales y para las ONGs y asociaciones que ejecutan sus programas.

---

2. Ley 26.844. 13 de marzo de 2013. *Boletín Oficial de la República Argentina*,
    núm. 32.617, 12 de abril de 2013. Disponible en: <http://servicios.infoleg.
    gob.ar/infolegInternet/anexos/210000-214999/210489/norma.htm>.

Las administraciones estatales, a este respecto, se encargan de motorizar y conectar al conjunto de los actores (Cortés Maisonave, 2011). Los planes y acciones de gobierno –notoriamente los programas de co-desarrollo– influyen en los perfiles de las asociaciones de migrantes al moldear sus criterios de organización y sus estrategias (Pries y Sezgin, 2012; Pérez, 2004; Schrover y Vermeulen, 2005; Bloemraad, Korteweg y Yurdakul, 2008).

En los últimos años se han vuelto más notorias las acciones de los estados tendientes a alcanzar a *sus* emigrantes, a quienes en el pasado solían llamar "emigrados" y a los que recientemente refieren como "residentes (o nacionales) en el exterior". Las denominadas *políticas de vinculación* o de *reincorporación transnacional* (Basch, Glick Schiller y Szanton Blanc, 1994; Guarnizo y Smith, 1998; Glick Schiller y Fouron, 1999; Goldring, 2002) extienden el alcance de los estados más allá de sus fronteras territoriales y conllevan la reformulación de algunas de sus funciones (Guarnizo y Smith, 1998; Levitt y Glick Schiller, 2004). De acuerdo con Bauböck (2003), estas búsquedas se originan en razones instrumentales: la recepción de remesas, el mejoramiento del capital humano de migrantes que pueden retornar en el futuro y el posible cabildeo en los lugares de residencia a favor de los intereses de su país de origen. En Argentina, el involucramiento de los estados de origen en los activismos bi o transnacionales de migrantes bolivianos (Pizarro, 2009; Lafleur, 2012), paraguayos (Halpern, 2009) y uruguayos (Merenson, 2015 y 2017) ha dejado huellas en las organizaciones locales de migrantes (Baeza, 2011; Rodrigo, 2018b).

Organizaciones sociales

De acuerdo con Pries y Sezgin, los estudios migratorios han subestimado el rol de las organizaciones de migrantes, y los antecedentes existentes se concentraron durante muchos años en examinar su rol en los procesos de integración (Pries y Sezgin, 2012). Algunos trabajos tempranos indagaron el impacto económico, político y cultural de las organizaciones en el país de destino y la investigación histórica colocó bases sólidas para interrogar el mutualismo y asociacionismo (Devoto y Míguez, 1990; Fernández, 1992). En las últimas décadas, como parte de los estudios transnacionales (Vertovec, 1999) se multiplicaron las indagaciones sobre las actividades transfronterizas de las organizaciones, que pueden tener una orientación tanto local como transnacional (Itzigsohn, 2009) y cuyas acciones involucran simultáneamente a los estados de procedencia y de recepción (Portes y Fernández-Kelly, 2015). Más recientemente ha despertado atención el creciente involucramiento de asociaciones de migrantes no ya en actividades de servicios, culturales y religiosas, sino de cabildeo e incluso de protesta y reclamo (Flam y Lloyd, 2008; Sezgin, 2008).

Las organizaciones de migrantes tienen un papel clave en las luchas por codificar y formatear la movilidad, dado que "expresan, aceleran, canalizan, disparan, controlan y forjan las percepciones públicas y la autoconciencia acerca de la vida social, las prácticas, tensiones, conflictos y reclamos sociales de los migrantes" (Pries y Sezgin, 2012: 300).

Estas organizaciones tienen relaciones entre sí y con instituciones y organismos de otro tipo, y entraman sus acciones y su lenguaje con ellos en múltiples escalas, integrando discursos y reclamos globales y cosmopolitas (Jelin, 2003; Sikkink, 2003; Pries y Sezgin, 2012). Si bien se trata de un universo heterogéneo, por lo general las organizaciones de migrantes tienen pocos miembros en actividad plena y permanente, y muchas veces atraviesan situaciones de precariedad y carencia de recursos. En el caso de asociaciones de migrantes trabajadores, además, sus integrantes suelen tener poco tiempo disponible, debido a las extensas jornadas laborales (Low, 2006). En estas condiciones, es común que sus objetivos y estrategias de intervención deban adecuarse a los requerimientos de sus financiadores circunstanciales o permanentes: la administración pública, los organismos internacionales y las grandes ONGs con las que deben cooperar para poder postular a fondos. Por ello las organizaciones de migrantes pueden entenderse muchas veces "como parte de una estructura emergente de gobernanza transnacional de los reclamos, la movilización de recursos, la presión política y las relaciones de poder" (Pries y Sezgin, 2012: 301).

Pero esto no significa que sean simples engranajes en una suerte de aceitada maquinaria de poder global, coherente y sin fisuras. Las asociaciones trabajan localmente y –unas más, otras menos– moldean sus perfiles de acuerdo con la participación activa de sus bases. Los complejos entramados tejidos desde la base, entonces, hacen que las organizaciones deban hablar el lenguaje político local y manejar sus categorías.

Además, sus vínculos son muchos, diferentes y, en ocasiones, enfrentados. Las asociaciones de migrantes entran en relación con otras organizaciones locales y con pequeñas organizaciones de sus países de procedencia, todas las cuales forman parte a su vez de otras redes. Por lo demás, los vínculos *hacia arriba*, con dependencias estatales, organismos internacionales u ONGs globales, también generan fricciones acerca de cómo tratar las diferencias y desigualdades que atraviesan los procesos de movilidad.

Las articulaciones entre actores tienen lugar sobre determinadas coincidencias, al tiempo que abren la puerta a discrepancias al poner en diálogo propósitos y encuadres para la acción particulares. Si bien los espacios de interfaz que estas articulaciones constituyen "presuponen algún grado de intereses comunes, presentan también una propensión a generar conflicto, dado por intereses y objetivos contradictorios o por desiguales relaciones de poder" (Long, 1999). Los individuos y grupos que las llevan adelante ocupan muchas veces posiciones ambivalentes.

Por último, además de conformar un conjunto diverso, las asociaciones de migrantes varían a lo largo del tiempo, acaso más que las restantes OSCs (Schrover y Vermeulen, 2005; Kuah-Pearce y Hu-Dehart, 2006). Las condiciones generales de debilidad material y política las exponen y predisponen a estos cambios. Lo primero que nos muestra la dimensión temporal, entonces, en el caso de las organizaciones de migrantes, en Argentina como en otros lugares, es una dinámica de apariciones y desapariciones constantes. Como señalaba Pereyra a comienzos de siglo, "un listado de organizaciones está por definición desactualizado y es incompleto" porque "las organizaciones de las colectividades de extranjeros surgen y desaparecen con la misma rapidez" (Pereyra, 2001: 65).

A esta dinámica de las organizaciones se añaden los cambios en las trayectorias de cada persona a lo largo de su vida como activista. Por diferentes circunstancias, un dirigente sindical puede devenir líder indígena o comunitario, activista cultural y luego nuevamente dirigente sindical. Algunas escisiones organizacionales se deben a que sus integrantes no encajan o no quieren encajar en el perfil que una asociación ha definido o redefinido y, como consecuencia de ello, abandonan la primera para fundar otra. Este desajuste o tensión suele darse entre las apelaciones plurinacionales o no nacionales de algunas asociaciones y los sentimientos de pertenencia nacional de sus miembros, por ejemplo, o cuando apelaciones étnicas comunes se dirigen a experiencias generacionales diferentes, etc.

Reterritorialización, regulación y gubernamentalidad

Las preguntas concretas del libro se dibujan sobre el fondo de algunas preocupaciones teóricas generales. ¿Qué significa que tal o cual entidad no busque impedir la movilidad, sino crearle canales, controlarla o regularla? En clave de Deleuze y Guattari, esta afirmación toca la tendencia esencial del capitalismo, que resulta del encuentro entre "flujos descodificados de producción bajo la forma del capital-dinero [y] flujos descodificados del trabajo bajo la forma del «trabajador libre»" (Deleuze y Guattari, 1974: 39).

Ahora bien, si nuestras sociedades se definen por procedimientos de descodificación y de desterritorialización, "lo que por un lado desterritorializan, por el otro lo re-territorializan" (Deleuze y Guattari, 1974: 265), en la medida en que a fin de cuentas desterritorialización y re-territorialización son dos caras de un mismo proceso. El capitalismo, observan los autores, instaura o restaura territorialidades e intenta "volver a codificar, a sellar las personas derivadas de las cantidades abstractas. Todo vuelve a pasar, todo vuelve de nuevo, los Estados, las patrias, las familias" (Deleuze y Guattari, 1974: 40-41). Estas formas de re-territorialización son "nuestra moderna manera de «enladrillar», de cuadricular, de volver a introducir fragmentos de códigos" (Deleuze y Guattari, 1974: 265). La historia del capitalismo, como dirá Mezzadra más recientemente, es la de "la copresencia del libre movimiento del trabajo y su embridamiento" (Mezzadra, 2005: 109).

La regulación se apoya en la introducción de fragmentos de códigos, y codificar implica reglamentar y dar significado. Los flujos descodificados y desterritorializados están siempre tensionados por las disputas en torno a su regulación. El campo de batallas de la movilidad humana es el de esos flujos. No solo "Estados, patrias y familias". También sindicatos, iglesias y escuelas intervienen en la codificación. Y en el momento actual del capitalismo global, unidades políticas supranacionales y entidades transnacionales.

Explorar las batallas en torno a la movilidad tiene algo de arqueológico, en la acepción foucaultiana del término. Se trata de partir de lo que los distintos actores han efectivamente dicho, mostrado, actuado y hecho en estos escenarios de disputa para

identificar allí regularidades, constelaciones y configuraciones de
sentidos comunes y divergentes. En estos escenarios de disputa se
forman y transforman los objetos, las modalidades enunciativas,
los conceptos y los temas alrededor de las movilidades (Foucault,
1991). Indagación arqueológica al servicio de una genealogía
del poder, porque los efectos de saber, como la configuración
de categorías y sistemas de clasificación, son obra de las luchas,
enfrentamientos y combates que se libran en nuestra sociedad
(Foucault, 2006). Las batallas implican no solo determinar quiénes y cómo podrán moverse, la legitimidad de unos y la abyec-
ción de otros, sino también definir las jerarquías, desigualdades
y asimetrías que se alimentan en la movilidad y los criterios para
volverlas tolerables o inadmisibles.

La gubernamentalidad neoliberal hace aparecer a la *población* como su objeto y a la *circulación* como su preocupación capital. Gobernar la población implica "organizar la circulación"
(Foucault, 2006: 38). La gubernamentalidad, en tanto "manera
de conducir la conducta de los hombres" (Foucault, 2007: 218),
llama la atención sobre los mecanismos de regulación positiva
de la circulación, como cuando algunos de los actores estudiados
en este libro recuperan, casi con ironía, la noción foucaultiana
crítica de *gestión de la población* y la convierten en un programa
de acción positivo.

Ensambles de gubernamentalidad

Las afirmaciones de Foucault de que "el estado se «guber-
namentalizó» poco a poco" (Foucault, 2006: 136) o de que, en
definitiva, el estado sería "una peripecia de la gubernamentalidad" (Foucault, 2006: 291) invitan a pensar la gubernamen-
talización de otros agentes, como organismos internacionales,
ONGs y asociaciones. A diferencia del poder soberano, ejercido
por una unidad trascendente, el gobierno es inmanente, interior
o perteneciente a aquello que gobierna, y múltiple, ejercido por
una cantidad de entidades.

La pertenencia, interioridad o cercanía en el ejercicio del gobierno "conlleva no solo relaciones de poder y autoridad, sino
también cuestiones de identidad" (Dean, 1999: 27). El gobierno
procura moldear la conducta obrando sobre los deseos, las creencias y los intereses de los actores, en un intento de dar sentido al
entorno, imaginar transformaciones y diseñar caminos para alcan-

zarlas (Rose, O'Malley y Valverde, 2012). En este sentido, cuando migrantes bolivianos en Argentina se posicionan explícitamente como trabajadores y emprendedores, por ejemplo, además de asumir el discurso neoliberal sobre los migrantes como inversores y empresarios de sí mismos, que el propio Foucault percibiera tempranamente, buscan también evitar la discriminación de parte de la sociedad argentina estigmatizando ellos mismos a otros migrantes, como los peruanos, de los que se distancian diciendo que estos no serían tan trabajadores como ellos, por ejemplo.

El gobierno de las poblaciones móviles no es la tarea de un conjunto centralizado de aparatos estatales, sino de una multiplicidad de agencias, cuerpos no estatales que han jugado desde el comienzo un papel clave (Rose *et al.*, 2012; Rose, 1996). Las prácticas de gobierno no constituyen totalidades coherentes y armónicas. Las distribuciones de poder y autoridad conforman un ensamble complejo, "disputado y transformado por elementos múltiples y heterogéneos" (Dean, 1999: 37) y con consecuencias y resultados relativamente impredecibles. La gubernamentalidad es un proceso abigarrado que reclama para su comprensión ir más allá de las lógicas singulares y poner atención en funcionamientos impuros, "combinaciones inesperadas, paradójicas, heterogéneas y quizás inestables de racionalidades y técnicas" (Walters, 2015: 6, 2012 y 2013; Ong, 2012).

Estudiar las organizaciones de base de los migrantes permite ver las tensiones y grietas que habitan la gestión de las movilidades. El libro mostrará la importancia de los organismos internacionales y los estados en la formalización política de la experiencia. Pero, como anticipé, no se trata de una simple bajada de línea en la que las entidades con más poder y recursos inducen a las más débiles a tratar temas, elaborar demandas y diseñar estrategias de acción. Hay discontinuidades entre los grandes lineamientos de estas entidades y las acciones llevadas adelante por las asociaciones. En la imbricación o intersección de relaciones de poder, los migrantes pueden ser vistos como "actores sociales que son formados, al tiempo que participan en esos ámbitos de poder" (Feldman-Bianco y Glick Shiller, 2011), y participan canalizando (y dando forma a) intereses y reclamos de sus bases. Los grandes lineamientos están, entonces, agrietados y cargados de tensiones. El conjunto heterogéneo de actores abre diversas direcciones para la politización. A pesar de los obstáculos y la debilidad relativa, las luchas políticas también *suben* por estas líneas de gerenciamiento.

Dimensiones de la desigualdad

La gubernamentalidad en tanto grilla de análisis dinámica (Foucault, 2007) de ensambles de poder heterogéneos se ve enriquecida al ser complementada con interrogantes acerca de las desigualdades en juego en los procesos de movilidad. Este objetivo central del libro debe ser asumido explícitamente. Numerosos trabajos que evocan a autores y conceptos del apartado anterior parecen dar por hecho que hablar de relaciones de poder presupusiera hablar de desigualdades y ello los eximiera de especificar de cuáles desigualdades se trata. Considero, en cambio, que tal especificación es necesaria. No se trata solamente de quiénes y cómo logran incidir en la conducción de las conductas, sino de cómo esto repercute en el acceso a recursos, prestigio y posiciones de decisión.

La más obvia de las formas en que las desigualdades interesan a este libro, que fue aludida en un par de oportunidades y que no requiere mayores comentarios, es la que atañe a la capacidad de los actores para lograr dicha incidencia en la conducción de las conductas. Esto se deriva de su solidez institucional, sus capitales, sus redes y escala de actuación. Los organismos internacionales y los estados se mueven inter o transnacionalmente. Los estados son el agente principal en la definición del tablero de juego, al menos (aunque en ocasiones, no solamente) dentro de sus fronteras. Las OSCs tienen menor alcance y peso. La mayoría de las organizaciones de migrantes se mueve en un área restringida dentro del país de acogida, operando local o regionalmente. Son una clara minoría, en términos relativos, las que actúan transnacionalmente (Pries, Halm y Sezgin, 2012: 281). Y dentro de cada país de residencia, pocas veces alcanzan una cobertura realmente nacional. Los actores que participan de redes extensas a gran escala tienen más poder en la orientación general de las discusiones y la puesta en agenda de problemas que consideran relevantes. Pero muchos recursos se disputan también localizadamente, y tener vínculos aceitados con autoridades locales puede ofrecer a una asociación de migrantes un buen posicionamiento en determinadas coyunturas.

El otro nivel de análisis fundamental es el de las desigualdades como objeto de la acción de estas organizaciones. ¿Qué escenarios de desigualdad monta la migración? Existen desigualdades en el acceso mismo al movimiento o a la movilidad. Condiciones económicas y políticas disponen una cantidad de alternativas entre la voluntad y la obligación de moverse. La conexión y desconexión se vincula a la diferencia y a la desigualdad (García Canclini, 2004). Otras desigualdades preexistentes que afectan la movilidad han sido bien documentadas y se han establecido puntos de partida claros: no son los más pobres quienes migran, las decisiones suelen tomarse familiar o grupalmente y las elecciones resultantes se apoyan en relaciones de género, generación y credenciales educativas, entre otras. Asimismo, los encuentros que el desplazamiento implica también actualizan desigualdades preexistentes pero, sobre todo, generan nuevas. La extranjería, por ejemplo, afecta de muchas formas la inserción o incorporación social, la producción de nacionalidades imperfectas (Karasik, 2000) y de un amplio abanico de posiciones entre ciudadanía plena y plena ilegalidad (De Genova, 2013; Mezzadra, 2015). También es común que las y los trabajadores migrantes reciban un menor salario relativo y que realicen tareas para las que están sobrecalificados. Y el necesario reaprendizaje de las relaciones de género, generacionales, étnicas y políticas en el nuevo contexto trae aparejados costos adicionales.

La dinámica temporal de las organizaciones también afecta el abordaje que estas harán de las desigualdades en la movilidad. Las asociaciones más antiguas suelen acumular recursos y capitales. Pero con el paso de los años –a veces, vertiginosamente– también aparecen nuevos actores abocados al tema y la agenda de problemas y demandas se modifica e incluso conmociona (Poinsot, 2001). Los nuevos problemas pueden tener que ver con nuevas condiciones del movimiento poblacional, pero también con nuevas realidades políticas e institucionales inter y transnacionales, nacionales y locales. Como mostré en un trabajo anterior sobre bolivianos en la ciudad de La Plata (Caggiano, 2005), por ejemplo, una asociación de migrantes empleados y estudiantes de procedencia urbana, de clase media y residentes en la ciudad desde los años setenta gozaba de vínculos con el estado local que le permitían postularse como representante de toda una colectividad diversa, que incluía cantidades crecientes de obreros y comerciantes informales de la periferia de la ciudad y de productores hortícolas del cordón perirural, llegados desde mediados de los años ochenta y posteriormente. Durante los años noventa y dos mil varios factores generaron una mayor visibilidad de la migración laboral. Comenzaron también a intervenir nuevos actores institucionales: agencias del estado argentino que lanzaron líneas de apoyo a cooperativas agrícolas, aprovechadas por familias y agrupaciones de horticultores bolivianos, una central sindical que contactó a activistas bolivianos para formar un área dedicada a los pueblos originarios, dirigentes políticos bolivianos que antes y después de la formación del Estado Plurinacional de Bolivia ampliaron sus contactos con residentes en el exterior, etc. El resultado de estos movimientos fue un panorama en el que asociaciones como las cooperativas de horticultores ganaron peso económico y fuerza dentro de la colectividad[3]. La asociación de empleados y estudiantes mantuvo parcialmente sus capitales social y simbólico, pero su representatividad comenzó a ser desafiada por otras organizaciones.

Estas desigualdades de la movilidad se complementan con otras desigualdades generales. Entre ellas, Therborn distingue las desigualdades vitales, concernientes a la construcción social de oportunidades de vida disímiles, las existenciales, referidas a las diversas asignaciones de autonomía personal, reconocimiento y respeto, y las desigualdades de recursos, atinentes a los capitales que permiten aprovechar riqueza, ingresos, educación, contactos, así como a un asimétrico acceso a oportunidades. Los mecanismos particulares de generación o refuerzo de desigualdades en la movilidad son parte de los cuatro mecanismos generales de producción y reproducción de desigualdades sociales: el distanciamiento, la exclusión, la jerarquización y la explotación, que presentan sus correspondientes opuestos: la aproximación, la inclusión, el empoderamiento y la redistribución (Therborn, 2006 y 2011).

El modo en que forman parte de la vida social y política estas desigualdades y estos mecanismos es producto de una forja, de una representación e interpretación llevada adelante por los actores intervinientes. Son las luchas de las que participan las asociaciones de migrantes, las dependencias estatales y los organismos internacionales las que dan sentido concreto a las desigualdades.

---

3. A propósito del uso que muchos inmigrantes hacen de esta categoría y de la diversidad que encierra, ver Caggiano (2006).

En ellas se define quiénes entran en cuáles relaciones, y se define también qué es lo que está en disputa. La idea de desigualdad
requiere postular un colectivo social, una comunidad o sociedad.
Quiénes están comprendidos en ella (y quiénes no) y según qué
clasificaciones se ordenan es parte de esas disputas.

Una de las primeras batallas en estos campos de luchas se relaciona con definir el carácter legítimo o injusto de una desigualdad. La relación entre exclusión e inclusión no es la misma que
la que hay entre explotación y redistribución, ya que cualquier
inclusión postula una exclusión, como sucede con el otorgamiento
de la ciudadanía, pero la redistribución no implica explotación.
Por otro lado, difieren la carga moral y la movilización política
en torno a cada una de estas desigualdades y cada uno de estos
mecanismos. Todavía en abstracto: las reacciones ante el distanciamiento, la jerarquización o la explotación dependen de
que consideremos a quienes los sufren incluidos o excluidos de
nuestra comunidad. Entonces, una pregunta definitoria es *cuál
es la iniquidad de la inequidad*.

Intersecciones

Las desigualdades sociales se asocian con los sistemas de clasificación y categorización social. En un trabajo insigne, Charles Tilly se preguntó por los modos, causas y consecuencias de
la ligazón entre desigualdades persistentes y categorías. Las
categorías pareadas y desiguales como negro/blanco, varón/
mujer, ciudadano/extranjero, señaló, "hacen un crucial trabajo
organizacional". La desigualdad persistente depende en gran
medida "de la institucionalización de los pares categoriales"
(Tilly, 2000: 22).

Brubaker criticó a Tilly porque "muestra cómo la desigualdad
puede ser categorial, pero no cómo la generación de desigualdad
lo es" (Brubaker, 2015: 15) y sostuvo que distintas categorías de
diferencia –como ciudadanía, género o etnicidad– contribuyen
de formas diferentes a la producción y mantenimiento de desigualdades persistentes. Brubaker distingue la desigualdad entre
categorías de posiciones de la desigualdad entre categorías de
personas. Y observa que el acceso a oportunidades y recompen-
sas sobre la base de categorías de personas persiste en la era moderna, pero su fuerza se ha erosionado significativamente en los
últimos dos siglos. En otros términos, si bien puede considerarse

que "la desigualdad estrictamente categorial entre grupos de posiciones (*clusters of positions*) es la regla [...] la desigualdad estrictamente categorial en la asignación de personas a posiciones o en
la producción social de las personas es la excepción" (Brubaker,
2015: 45-46). Así las cosas, "la desigualdad ha aumentado dra-
máticamente en las últimas décadas. Pero no se ha vuelto más
categorial" (Brubaker, 2015: 46).

Creo que estos enfoques pueden enriquecerse si se resalta el
carácter procesual e imbricado de las categorías sociales en su
relación con las desigualdades. Ambos autores reservan un lugar importante a la dinámica histórica en sus planteos. Pero en
el caso de Tilly las categorías sociales parecen, por momentos,
puertos de llegada de un proceso formativo anterior, que acaba precisamente en una cierta distribución de categorías. En el
caso de Brubaker, por su parte, aunque la dinámica histórica per-
manezca activa, ella no parece desbaratar las distinciones entre
una y otra categoría: las categorías raciales, de clase, de género
u otras tienen sus historias independientemente de eventuales
encuentros y entrelazamientos.

Enfatizar la dinámica histórica de las categorías implica enfocar el proceso social de clasificación y de categorización y no su
resultado como dado. La clasificación social "refiere a los procesos de largo plazo, en los cuales las gentes disputan por el control
de los ámbitos básicos de existencia social y de cuyos resultados se configura un patrón de distribución del poder" (Quijano,
2000: 367). Desde esta perspectiva, los procesos de clasificación
y categorización superponen dimensiones. Clase, raza, género,
etnicidad, nacionalidad y otras dimensiones de diferencia y desigualdad operan en simultáneo y no necesariamente de manera
armónica. "[L]as gentes pueden tener, por ejemplo, un lugar y
un papel respecto del control del trabajo y otro bien diferente y
hasta opuesto respecto del control del sexo o de la subjetividad,
o en las instituciones de autoridad. Y no siempre los mismos en
el curso del tiempo" (Quijano, 2000: 369). Por otro lado, los sistemas clasificatorios no se sustituyen a lo largo de la historia de
manera absoluta y definitiva, sino que sistemas diferentes pueden
funcionar al mismo tiempo, activados por instituciones y agentes diversos. Así, por ejemplo, si el armazón censal argentino de
finales de siglo XIX y comienzos del XX eliminó progresivamente
los criterios raciales de clasificación social, propios de la grilla colonial (Otero, 1998), las categorías de raza y color sobrevivieron

en ámbitos de la cultura popular (Adamovsky, 2016), el lenguaje cotidiano y las imágenes de circulación pública (Caggiano, 2012b).

Como resultado de ello, las categorías sociales no operan diáfana y unívocamente. La categorización social siempre arroja por resultado compuestos impuros, constitutivamente heterogéneos. Por ello la afirmación de Brubaker según la cual en las últimas décadas la desigualdad ha aumentado, pero no se ha vuelto más categorial solo tiene sentido si lo que quiere decir es que cada vez se ha vuelto más difícil para los operadores de poder institucionalizado poner a funcionar etiquetas clasificatorias claras y distintas que, por lo demás, nunca fueron tan claras y distintas en el nivel de las interacciones concretas. No hay indigenidad en América Latina, por ejemplo, por fuera de la estructura de clases, ni se es mujer o varón por fuera de las jerarquías étnicas.

Matsuda ha sintetizado con palabras sencillas un procedimiento promisorio para el análisis interseccional. Se trata de *formular la otra pregunta*: "Cuando veo algo que parece racista, me pregunto, «¿dónde está el patriarcado aquí?» Cuando veo algo que parece sexista, me pregunto, «¿dónde está el heterosexismo aquí?» Cuando veo algo que parece homofóbico, me pregunto: «¿dónde están los intereses de clase aquí?»" (Matsuda, 1991, citada en Davis, 2008).

Pero debemos evitar la mera sumatoria o simple convergencia para dar lugar al análisis de las intersecciones de dimensiones y categorías y mostrar funcionamientos concretos y configuraciones específicas (Stolcke, 1992 y 1999; Moore, 1993; Crenshaw, 1994; Canessa, 2008; Yuval-Davis, 2011; Wade, 2008 y 2009). En esta dirección apunta Davis cuando valora el enfoque interseccional como "ideal para la tarea de explorar cómo las categorías de raza, clase y género están entrelazadas y son mutuamente constitutivas, dando centralidad a las preguntas por cómo la raza es «generizada» y cómo el género es «racializado», y cómo ambos están vinculados a las continuidades y transformaciones de la clase social" (Davis, 2008: 71). Como señalara Mohanty para las categorías de género, estamos siempre ante "estructuras de dominación múltiples y fluidas" y son las "intersecciones de varias redes sistémicas de clase, raza, (hetero)sexualidad y nación, entonces, las que nos posicionan" en categorías internamente en tensión (Mohanty, 1991: 13).

En este marco de estructuras de dominación fluidas e intersecciones de dimensiones de diferencia y desigualdad se abren las batallas en torno a la movilidad de las personas. Las intervenciones estatales o de organismos internacionales pueden generar reacciones de migrantes, organizados o no. Las asociaciones de migrantes o que luchan por sus derechos y bienestar promueven, a su turno, otras disputas concretas. Los distintos actores buscan organizar la circulación o la movilidad de las personas y sus intervenciones configuran ensambles de gubernamentalidad conflictivos: las asociaciones de migrantes buscan controlar el propio proyecto migratorio, los estados mantener el vínculo con su población en el exterior, los organismos internacionales proteger de / vigilar los eventuales delitos que la movilidad podría entrañar. En esas disputas algunas relaciones y situaciones se perciben e interpretan como desiguales y otras no. Y ello va de la mano con la definición de grupalidades y el establecimiento de fronteras entre *nosotros* y *ellos*. Algunos actores buscarán ampliar la pertenencia nacional más allá de las fronteras territoriales, otros o los mismos reforzarán estas fronteras y limitarán su porosidad, definirán comunidades de pertenencia más acá o más allá de las grandes unidades políticas formalizadas, generarán espacios de pertenencia multinacional, poniendo en el centro la condición migratoria compartida con migrantes de otras procedencias nacionales, o bien la condición de género, la de clase, la étnica u otra.

La conducción de las conductas en torno de la movilidad conlleva este doble proceso de definición y redefinición de las desigualdades en juego y de los colectivos sociales implicados. Las articulaciones, es decir, los enlaces no necesarios entre cosmovisiones o fuerzas culturales y actores o fuerzas sociales (Hall, 2010), tienen efectos contundentes. En el campo de luchas abierto por la movilidad de las personas toman forma pública las desigualdades vitales, de autonomía y respeto y de recursos, y los reclamos por aproximación, inclusión, empoderamiento o redistribución (Therborn, 2006 y 2011). ¿Qué formas concretas toman y en nombre de qué sujeto colectivo se formulan? ¿Se configuran en clave de ciudadanía, de derechos humanos, de derechos laborales, de alguna forma de humanismo, en clave utilitaria a propósito de los beneficios o perjuicios que la migración traería? ¿Cuáles son los sujetos y fuerzas sociales que resultan inteligibles en estos enfrentamientos en torno a personas en movimiento: trabajadores, mujeres, indígenas, negros, pobres, niñxs y jóvenes, extranjeros, desafiliados...? O mejor, ¿cuáles dimensiones de la diferencia y la desigualdad participan –y cómo– de las luchas en que unos sujetos y unos intereses se conforman?, ¿clase social, género, etnicidad, nacionalidad y ciudadanía, generación? Por último y fundamental, ¿cómo se intersectan estas dimensiones y categorías?, ¿qué tipos de agregaciones y acoplamientos entre intereses y sujetos tienen lugar?, ¿qué tipo de desajustes y separaciones?

Anticipo de los contenidos

El libro está atravesado por la problematización de procesos como la nacionalización estatal de la migración transnacional, las dificultades múltiples para la sindicalización de los trabajadores migrantes, el devenir indígena de la migración o la interpelación de género hacia mujeres migrantes promovida desde organismos internacionales. Las disputas que estos procesos desatan se dan sobre la sedimentación histórica de disputas que las anteceden. La particularidad que las migraciones transnacionales colocan es la diversificación de estas bases históricas. Las personas se mueven con marcos interpretativos aprendidos que, una vez en los nuevos contextos, suelen ser revisados. El desplazamiento y la instalación en un nuevo contexto social suele provocar en los y las migrantes un movimiento de reflexividad sobre áreas que hasta entonces se presentaban como "dato inmediato de la conciencia" (Schnapper, 1988: 200). Dicha reflexividad puede alterar la forma de estructurar las relaciones y los clivajes sociales. El entramado de organismos internacionales, dependencias estatales y organizaciones migrantes enreda escalas, encuadres y criterios para la acción, que se suman a los marcos de referencia duales o múltiples de los migrantes.

Cada capítulo aborda procesos conflictivos desplegados, en principio, alrededor de una particular dimensión de la diferencia y la desigualdad: nacionalidad y ciudadanía, clase social, etnicidad y género, respectivamente. Pero el trabajo de campo, que llevó a esta primera distinción, condujo también a su problematización, porque en ningún caso una única dimensión fue suficiente: nacionalidad y ciudadanía, clase social, etnicidad, género y otras se imbricaban en cada una de las situaciones. Las intersecciones dan lugar, en cada caso, no solo a tensiones, sino a composiciones heterogéneas e impuras de dimensiones y categorías sociales.

El libro se basa en un estudio empírico de largo plazo sobre las migraciones desde Bolivia, especialmente hacia Argentina, con una exploración de la migración hacia España. Más precisamente, trabajé en La Paz y El Alto (Bolivia), Buenos Aires y Jujuy (Argentina) y Madrid (España) durante diferentes etapas entre 2005 y 2016. Realicé trabajo de campo etnográfico con asociaciones de migrantes, miembros de oficinas de gobierno y de organizaciones no gubernamentales dedicadas a temas migratorios. Mantuve entrevistas individuales y grupales y participé de sus reuniones y actividades. En algunos casos, como con algunas organizaciones de mujeres, pude realizar entrevistas periódicas a lo largo de los años, lo cual me permitió una reconstrucción diacrónica de sus trayectorias. Recurro también a fuentes secundarias, particularmente en las referencias a organismos internacionales. Si bien me concentro en estos tres tipos de organizaciones y en las batallas que abren, en numerosas ocasiones a lo largo de los años llevé adelante también investigaciones con migrantes y familiares de migrantes por fuera de las organizaciones, procurando entender las emociones, expectativas y temores que están en juego en estas luchas. Con la excepción del primer capítulo, enfocado sobre acciones estatales, los procesos abordados giran alrededor de las acciones y reacciones de las organizaciones de migrantes.

En el Capítulo 1 muestro cómo, mediante los dispositivos de atribución y adquisición de nacionalidad y ciudadanía, los estados intervienen desde el primer momento en la codificación y regulación de un acto que, en términos sociopolíticos, es un accidente: el nacimiento de seres humanos. ¿Cómo son afectados estos eventos por la migración internacional? El capítulo se detiene en dos situaciones. La primera trata de los obstáculos puestos por agencias del estado de la provincia de Jujuy, en la frontera con Bolivia, a medidas impulsadas por el gobierno central argentino a mediados de los 2000 que facilitaban el acceso de hijos de migrantes al Documento Nacional de Identidad (DNI). La segunda se desarrolla alrededor de la modificación del régimen de atribución de nacionalidad que dispuso la Nueva Constitución Política del Estado Plurinacional de Bolivia, la adecuación de las dependencias estatales españolas y las reacciones negativas de los migrantes bolivianos en España. La consideración de dos situaciones en un cierto lapso de tiempo permite apreciar variaciones y tensiones entre diferentes agentes. Además, el proceso está desde un comienzo estructurado por valores de clase y de género.

En un contexto global en que el estado nación compite con numerosos ámbitos alternativos en la definición de derechos, obligaciones, afiliaciones e identidades, algunos especialistas han señalado la emergencia de formas postnacionales, transnacionales o denacionales de ciudadanía. Este primer capítulo da cuenta de mecanismos que van en dirección inversa a la de dicha emancipación de la ciudadanía respecto de la nacionalidad y tienden a un reforzamiento del vínculo entre ambas. Se verá cómo las diligencias estatales alrededor de las migraciones impactan en las prácticas ciudadanas y el ejercicio de derechos no solo de los actuales, sino también de los futuros ciudadanos.

El Capítulo 2 analiza el modo en que organizaciones sindicales y no sindicales tratan las desigualdades y violaciones de derechos de los migrantes en el mundo laboral. Sus intervenciones tienen al menos dos facetas: el combate a las desigualdades que afectan a estos trabajadores migrantes en tanto que inmigrantes o extranjeros y el combate a las desigualdades que estos migrantes comparten con el resto de los trabajadores en tanto que trabajadores. Más precisamente, el capítulo enfoca algunas limitaciones que presenta la lucha de estas organizaciones contra las desigualdades que afectan a trabajadores bolivianos en la industria de la indumentaria en Buenos Aires y la zona central del país. Estas limitaciones se derivan de –y se expresan como– la virtual ausencia o la presencia intermitente de trabajadores bolivianos en las organizaciones que atienden derechos laborales y las desavenencias entre organizaciones de diferente naturaleza.

Dimensiones diferentes de desigualdad –clase, nacionalidad y etnicidad– comparecen aquí en una configuración recíproca e intrincada. Pero las formas aparentemente inconciliables de asociación clasista y etno-nacionalista de estas organizaciones, que generan caracterizaciones divergentes de las desigualdades y de los propios actores, dificultan la actuación sobre esta intersección.

El Capítulo 3 pone de relieve la migración aymara desde Bolivia a Buenos Aires, Gran Buenos Aires y La Plata. Pero el objetivo no es descubrir una presencia indígena nueva en la migración, sino dar cuenta del proceso de identificación indígena y etnización aymara de una porción significativa de migrantes *bolivianos*, arribados tanto recientemente como en el pasado. Algunas coyunturas políticas en Bolivia y en Argentina en lo que va del presente siglo han intensificado el *devenir indígena* de esta migración y producido su irrupción pública. El crecimiento de las movilizaciones

políticas de los migrantes en Argentina tiene lugar en un diálogo
fluido con la politización indígena incrementada al mismo tiempo
en Bolivia, donde se ha consolidado un indigenismo de nuevo tipo
(Goodale, 2006; Canessa, 2006 y 2007; Postero, 2009).

En este capítulo interrogo las relaciones de poder y las desigualdades que este devenir indígena envuelve en el acceso a recursos, prestigio y posiciones de decisión. Al volver nuevamente el
foco hacia los talleres de indumentaria, observaremos que puede
muy bien compartirse la pertenencia indígena y/o aymara más
allá de los desiguales lugares en la organización de la producción.
Dicha pertenencia común puede incluso colaborar en el mantenimiento de estas desigualdades. Las asimetrías y jerarquías que
la re-creación de la pertenencia identitaria y los rasgos étnicos
compartidos entraña son múltiples, y pueden extenderse al en-
trelazarse con dinámicas más amplias de producción, circulación
y consumo del capitalismo contemporáneo.

El Capítulo 4 aborda la incorporación de la problemática de
género por parte de organizaciones de migrantes en Argentina a
comienzos de siglo. Me detengo en la historia y la actualidad de
tres organizaciones sociales de mujeres migrantes, relevando sus
acciones y posiciones en relación con sus alianzas con organismos
internacionales, ONGs y dependencias estatales. Dos problemas
históricos del feminismo retornan con ribetes específicos. Por un
lado, la politización en clave de género de las mujeres migrantes
activa la dialéctica entre lo personal y lo político. Por otro, las divergencias entre organizaciones reviven las diferencias entre el
feminismo blanco occidental de clase media, encarnado aquí en
las agencias internacionales y algunas dependencias estatales, y
las vivencias de género de las mujeres del sur global, en este caso
las migrantes trabajadoras pobres.

El aporte principal del capítulo es mostrar la existencia de
distintos niveles de formalización política de la experiencia y
la complejidad que entraña su articulación. Los aspectos de la
vida que pueden ser politizados son múltiples y están inextricablemente entrelazados. La politización de la experiencia en el
hogar, en las organizaciones políticas, en las movilizaciones callejeras, en las instituciones estatales o supraestatales puede ser,
como veremos, una puerta de entrada analítica para comprender
cómo conviven, se ensamblan y jerarquizan posiciones como las
de mujer migrante, boliviana, trabajadora pobre, madre y otras.

Las Conclusiones recuperan y sintetizan los principales aportes del libro. La mirada transversal a los capítulos permite ver que la dinámica de las categorías y los sistemas clasificatorios deriva en buena medida de procesos de consagración institucional que activan préstamos y apropiaciones entre espacios políticos, jurídicos, comunitarios o familiares. A su vez, la revisión de las múltiples escalas de intervención de los agentes, particularmente de las organizaciones de migrantes, permite hacer una observación acerca del espacio de actuación política migrante: aun en las ocasiones en que toma la forma de participación política transnacional, ello sucede sin que se dibuje en el horizonte una sociedad civil global o transnacional extra estatal.

Las desigualdades múltiples que atraviesan el campo de batallas en torno de las migraciones se entrelazan, pero las luchas contra ellas divergen. Y la divergencia de las luchas ante la intersección de desigualdades no tiene como efecto solamente que cada acción logre un alcance parcial. Privilegiar la lucha en una dimensión de la desigualdad (clase, género, etnicidad, etc.) suele favorecer la reproducción de desigualdades en otras dimensiones (clase, género, etnicidad, etc.). Las Conclusiones retoman este, que es uno de los principales temas del libro, e intentan desgranar algunos de los desafíos teóricos que conllevan las desigualdades entrelazadas. Por un lado, la definición de los derechos suele no coincidir en sus alcances con la distinción de las pertenencias identitarias. Por otro, la configuración del sentido político de la experiencia se da en distintos niveles que se tensionan entre sí. Esto implica que la estabilización de una gramática de la lucha, cualquiera sea, no puede agotar la heterogénea superficie de la experiencia, que las dimensiones de diferencia y desigualdad nunca son puras y que el manejo de tales gramáticas da ocasión a nuevas relaciones de poder. Finalmente, las Conclusiones pasan en limpio una exhortación simple que alienta al libro en su conjunto: estudiar las desigualdades intersectadas requiere especificar el objeto concreto de la desigualdad y los mecanismos de su producción y reproducción, los cuales suelen ocultarse más que exhibirse en fórmulas como *desigualdad de clase*, *desigualdad de género* y otras semejantes.

Capítulo 1

El accidente de nacer.
Estados, nacionalidad y ciudadanía

Introducción

En términos de pertenencia sociopolítica, el nacimiento de una persona tiene mucho de accidente, pero se trata de un accidente que no sobrevive un instante como tal. Algunos dispositivos sobrevienen a él y otros incluso se le anticipan, interpretándolo y encuadrándolo para que pierda su carácter contingente. Ya codificado, el evento pasa a formar parte de la vida social. Todos aprendemos con naturalidad que somos *naturales* de algún país. La ficción no se sostiene solamente en la mitología nacional y en las razones y pasiones que experimentamos desde la temprana infancia. Se sostiene incluso antes en instituciones y categorías que el estado ofrece e impone como primer marco formal dentro del cual actuar en sociedad. La atribución y adquisición de nacionalidad y ciudadanía se cuentan entre estos primeros dispositivos de regulación.

¿Qué se produce social, jurídica y políticamente cuándo se produce un niño?, ¿qué consecuencias trae la migración y el cruce de fronteras para esta producción y lo que conlleva?, ¿qué implican para ella estas dislocaciones y relocaciones? ¿Qué herencias y qué proyecciones están envueltas? El estado nación interviene desde el nacimiento de las personas y aun desde antes brindando respuestas a este tipo de interrogantes. Las leyes de nacionalidad de los estados modernos tuvieron que ver desde sus inicios con la regulación del movimiento de personas a través de las fronteras

(Stolcke, 2000). Correlativamente, los movimientos migratorios problematizan las nociones de ciudadanía y nacionalidad (Stolcke, 1999; Joppke, 2008; Vertovec, 2006; Escobar, 2007; Pedone y Gil Araújo, 2008; Dumbrava, 2015) y suponen tanto desafíos como oportunidades para la producción y reproducción de los estados (Pries, 2002; Kalm, 2008). Es en este sentido que ellos actúan en relación con el nacimiento de hijos de migrantes.

Para comprender las dinámicas estatales contemporáneas frente a los flujos migratorios transnacionales, conserva gran poder heurístico la propuesta de Foucault de pensar la *producción de población* como uno de los procedimientos constitutivos de los estados modernos. La producción de población, en su perspectiva, va de la mano de la circulación (de personas, bienes, símbolos y conocimientos), y tiene un lugar central en la tecnología de poder surgida en el siglo XVIII. Si hasta la edad clásica lo crucial era la conquista y el control o conservación de un territorio, a partir de entonces lo será la seguridad de la población y su circulación (Foucault, 2006 y 2007; Walters, 2012 y 2015).

Resulta fecunda también la idea foucaultiana de que el estado es "una manera de gobernar [...], una manera de hacer" (Foucault, 2006: 291 y 324). No hay aquí un núcleo último del estado que organice su sentido (su significado y su dirección), sino que el estado es vuelto a producir, o producido permanentemente como resultado de unas prácticas. De hecho, las dependencias que las llevan adelante pueden estar en conflicto o divergir en sus derroteros. Y estas prácticas y acciones se dan, además, en interacción con organismos internacionales, transnacionales y globales, organizaciones supraestatales o interestatales y organizaciones no gubernamentales de diversa escala de actuación (Dean, 1999).

Estas prácticas y maneras de hacer tienen por fin a la población, crean o producen la población como objeto de su intervención, al tiempo que confirman al estado como la entidad que se hace cargo de tal regulación. En otras palabras, la producción y reproducción de la población y del estado se dan conjuntamente, como parte de un mismo proceso. Los debates que las migraciones internacionales traen alrededor de la nacionalidad y la ciudadanía exponen esta dinámica constitutiva común de la población y del estado, que muchas veces tiende a ser opacada por la reificación de ambas entidades.

Este capítulo se detiene en dos situaciones que permiten ver las acciones de organismos de cuatro estados en torno a estos asuntos. Las dos situaciones involucran a migrantes procedentes de Bolivia, en un caso residentes en Argentina y en otro en España. La primera sucedió durante la década de 2000 en la provincia de Jujuy, limítrofe con Bolivia en el norte argentino, donde algunas agencias del estado provincial ofrecieron resistencia a medidas legislativas impulsadas por el gobierno central, calificándolas como "demasiado permisivas" con los inmigrantes. Según la denuncia de un sector de la iglesia católica, estas agencias obstaculizaban el cumplimiento de una ley nacional destinada a facilitar la obtención del Documento Nacional de Identidad (DNI) en el caso de los hijos de bolivianos.

La segunda situación se desarrolló alrededor de una intervención del Estado Plurinacional de Bolivia (EPB) durante el gobierno del Movimiento al Socialismo (MAS) y de las reacciones de dependencias estatales españolas. Entre las acciones y políticas de vinculación del EPB con sus *residentes en el exterior*, se sancionó la Nueva Constitución Política del Estado[4], que supuso, entre otros cambios sustantivos, uno atinente al régimen de atribución de nacionalidad. Esta modificación y la rápida adecuación de parte de organismos estatales españoles obstruyeron el camino para obtener la nacionalidad española que habían recorrido hasta entonces los migrantes bolivianos para sus hijos nacidos en España.

Con base en los casos, el capítulo muestra formas específicas de producción de población. Estos procesos no son simples, unidireccionales ni exentos de fricciones. Se apreciarán variaciones en el tiempo (los estados modifican sus normativas y reglamentaciones) y tensiones entre diferentes estados y niveles de estado, que en su accionar concreto se entrelazan, además, con organismos y agencias no gubernamentales. Por otro lado, la producción de población no consiste simplemente en la circunscripción de un conjunto social como ciudadanos de un estado. Las maniobras y medidas concretas de los agentes estatales permitirán ver cómo el proceso está desde un comienzo estructurado por valores de clase y de género.

El tratamiento de los casos tiene implicaciones teóricas en torno de la posible emancipación de la ciudadanía respecto de la nacionalidad (Soysal, 1994; Sassen, 2000 y 2002; Bosniak, 2000; Kivisto y Faist, 2007). En relación con ello, veremos mecanismos

---

4. Nueva Constitución Política del Estado. Octubre de 2008. *Gaceta Oficial del Estado Plurinacional de Bolivia*, 7 de febrero de 2009. Disponible en: <http://www.gacetaoficialdebolivia.gob.bo/index.php/normas/lista/9>.

que van en la dirección inversa, hacia un reforzamiento del vínculo entre ambas nociones. Sin negar que en algunos contextos migratorios contemporáneos el encuentro con una simultaneidad de encuadres institucionales (Levitt y Glick Schiller, 2004), más o menos formalizados, permite a las personas materializar prácticas ciudadanas alternativas a las consagradas por los estados, otras prácticas son reconectadas con la nacionalidad, como resultado de la capacidad que los estados conservan y recrean de determinarla positiva o negativamente.

Leyes y papeles nacionales en una provincia de frontera

Hacia finales de 2003, el Congreso Nacional de Argentina aprobó dos leyes que sacudieron el panorama migratorio del país. Una, de gran trascendencia, fue la Ley de Migraciones 25.871[5], sancionada en diciembre de ese año, promulgada en 2004 y reglamentada en 2010, que reconoce la migración como un derecho humano y garantiza a los inmigrantes derechos educativos, sanitarios y laborales sin importar la condición reglamentaria en que se encuentren. Durante esos meses, disposiciones complementarias suspendieron las expulsiones de extranjeros en situación documentaria irregular y facilitaron la obtención de residencias temporarias por dos años (Novick, 2011). La Ley de Migraciones fue celebrada por organizaciones defensoras de los derechos de los migrantes y no despertó, en general, una oposición importante ni recusaciones públicas, sino que fue reconocida como un avance político o administrativo[6].

---

5. Ley 25.871. 17 de diciembre de 2013. *Boletín Oficial de la República Argentina*, núm. 30.322, 21 de enero de 2004. Disponible en: <http://servicios.infoleg. gob.ar/infolegInternet/anexos/90000-94999/92016/norma.htm>.

6. Cabe señalar, no obstante, que las autoridades que asumieron el gobierno de la Ciudad Autónoma de Buenos Aires en 2007 criticaron desde entonces lo que calificaron de "excesiva permisividad" de esta ley, promovieron la criminalización de las migraciones y culparon a los migrantes de la delincuencia y de problemas socioeconómicos y de infraestructura. Los mismos sectores políticos, en el gobierno nacional desde 2015, han propuesto materializar esta visión excluyente y criminalizante apuntando al control y la seguridad de las fronteras y proyectando la construcción de una cárcel especial para inmigrantes, entre otras medidas. Ver Caggiano, Sergio. 24 de julio de 2017. "La nueva política migratoria argentina: control y exclusión", *El País*. Disponible en: <https://elpais.com/elpais/2017/07/24/contrapuntos/1500861895_103072.html>.

En Jujuy la sanción de la ley migratoria tuvo un efecto diferente. Jujuy es una de las provincias económicamente más relegadas de la Argentina desde la segunda mitad del siglo XIX, cuando el desarrollo se orientó hacia el puerto de Buenos Aires, y el quiebre de las economías regionales de las últimas décadas no hizo sino ahondar estas viejas desigualdades. La marginalización y posición periférica respecto del gobierno central generó "reclamos de inclusión en el estado y la nación, de los que los jujeños parecen sentirse simbólica y socialmente excluidos" (Karasik, 2000: 153). Por otra parte, el occidente boliviano y el noroeste argentino pertenecieron ambos al Tawantinsuyu[7], y presentaban entonces una importante integración espacial, económica y social. Las corrientes migratorias transatlánticas de fines del siglo XIX y comienzos del XX tuvieron un impacto menor al que tuvieron en el resto de la Argentina, particularmente en Buenos Aires y la región pampeana. Estas y otras características socioculturales hacen que para muchos argentinos de la región central del país "Jujuy se «confunda» con Bolivia" (Karasik, 2000: 155).

Entre las reacciones en la provincia a la sanción de la ley, las críticas señalaron lo que entendían como sus deficiencias o directamente sus equivocaciones, las cuales serían resultado de la potestad de Buenos Aires –sede del gobierno nacional– de promulgar leyes que afectan a todo el país. En mis entrevistas de campo, trabajadores de las áreas de salud y de educación públicas, así como funcionarios del Poder Ejecutivo provincial de distinto rango y área, coincidían en que la normativa migratoria no contempla las condiciones específicas de Jujuy y de la región, ni los costos económicos y de cobertura social que la migración conllevaría. Frente al gobierno nacional, eventual defensor de los inmigrantes por ceguera o por ingenuidad, el discurso provincialista echaba mano así de un viejo y efectivo argumento que alude a la histórica estructuración territorial asimétrica de poder en Argentina (Caggiano, 2007).

La restante ley nacional (Ley 25.819)[8] había sido sancionada por el Congreso Nacional poco antes, en noviembre de 2003. Promovía y facilitaba por el plazo de un año la inscripción de

---

7. Tawantinsuyu significa, en quechua, "las cuatro partes del mundo" (*Chichasuyu* al norte, *Antisuyu* al este, *Contisuyu* al oeste y *Collasuyu* al sur).

8. Ley 25.819. 12 de noviembre de 2003. *Boletín Oficial de la República Argentina*, núm. 30.292, 5 de diciembre de 2003. Disponible en: <http://servicios. infoleg.gob.ar/infolegInternet/anexos/90000-94999/90804/norma.htm>.

nacimientos de niños y niñas de hasta diez años de edad que no hubieran sido inscriptos hasta entonces y la adjudicación del correspondiente DNI. Puesto que en Argentina rige el *ius soli*, la ley involucraba a todo niño nacido en el país, cualesquiera fuesen las nacionalidades de sus padres. Esta norma también tuvo consecuencias singulares en Jujuy, donde ocasionó enconadas polémicas durante al menos dos años.

En mayo de 2004 la Pastoral Migratoria de la Prelatura de Humahuaca de la iglesia católica presentó al Defensor del Pueblo de la provincia un *Informe de personas indocumentadas*[9] en los departamentos fronterizos con Bolivia. El informe denunciaba la existencia de más de quinientas personas indocumentadas (sobre una población estimada de veinte mil habitantes) y detallaba, entre otras causas, que el hospital de La Quiaca –la ciudad en que se encuentra el paso fronterizo– cobraba ilegalmente a las mujeres bolivianas para dar a luz allí, bajo pena de retener el certificado de nacimiento, en caso de no efectuarse este pago[10]. La denuncia agregaba que para inscribir a un niño el Registro Civil exigía a madres y padres bolivianos un certificado de ingreso legal al país que la Gendarmería Nacional muy pocas veces entregaba (lo cual, de todos modos, no debería limitar el derecho del niño) y que el Registro Civil provincial no admitía certificados de pobreza que evitaran pagar el arancel a quienes no poseían medios para hacerlo.

El entonces encargado del Registro Civil de la provincia argumentaba, por su parte, que "de los quinientos chiquitos indocumentados, cuatrocientos cincuenta eran del país vecino" (funcionario del Registro Civil de la Provincia de Jujuy, marzo de 2005[11]). La pregunta, desde luego, es qué podía querer decir que "eran del país vecino". Podría significar que habían nacido en Bolivia,

---

9. VVAA. 2004. *Informe de personas indocumentadas en los dtos. de Yavi, Santa Catalina y sus causas.* Argentina: Pastoral Migratoria - Prelatura de Humahuaca.

10. Los directivos del hospital de La Quiaca negaron el hecho y el Defensor del Pueblo recomendó al Ministerio de Bienestar Social investigar la denuncia y comprobar la veracidad de los recibos de pago presentados en ella. Karasik (2005) reconstruyó el mecanismo de cobro por el cual desde 1998 el hospital de La Quiaca limitaba el acceso a algunos servicios, particularmente los partos de mujeres bolivianas. En mis trabajos de campo en 2005 y 2009 me topé con muchas referencias directas, aunque matizadas con eufemismos, a "cositas que hay que hacerles comprar", "pedidos de bonitos contribución" y otras semejantes.

11. Todas las entrevistas citadas en el libro fueron realizadas por el autor.

pero esto parece de difícil o imposible comprobación. Más probablemente quería decir que eran hijos de bolivianos, pero esto no debería haber modificado en nada el ejercicio de su derecho a la inscripción y a la obtención del DNI argentino. Otros funcionarios del Registro Civil, de la Gendarmería Nacional con sede en Jujuy y, menos previsiblemente, de la Secretaría de Derechos Humanos de la provincia coincidían en que era legal evitar un otorgamiento *indiscriminado* de documentación.

La Pastoral Migratoria llevó su denuncia a Buenos Aires. Además de cobertura mediática a nivel nacional, consiguió elevar el Informe a la sede central del Registro Nacional de las Personas (Renaper), que realizó una auditoría en la delegación Jujuy y se puso en contacto con la Secretaría de Derechos Humanos de la Nación. Finalmente, un decreto del Poder Ejecutivo nacional de diciembre de 2004[12] prorrogó la ley 25.819 por un año más y eliminó un requisito presente en la versión original que establecía que la persona que solicitaba la inscripción de un niño y sus testigos debían presentar DNI. Se removía así el ítem que originaba el círculo que reproducía la indocumentación.

Entretanto, en materia de normativas y reglamentaciones sobre documentación el estado nacional continuaba desarrollando políticas en dirección a facilitar la regularización documentaria de los migrantes. A mediados de 2004 un decreto presidencial creó el Programa Nacional de Normalización Documentaria Migratoria (Decreto Nº 836/04)[13], dirigido a facilitar la inserción de los inmigrantes y la regularización de su situación migratoria. Durante los meses siguientes una serie de decretos[14] buscó concretar el Programa hasta que en diciembre de 2005 el entonces

12. Decreto DNU 1900/2004. 22 de diciembre de 2004. *Boletín Oficial de la República Argentina*, núm. 30.555, 24 de diciembre de 2004. Disponible en: <http://servicios.infoleg.gob.ar/infolegInternet/anexos/100000-104999/102250/norma.htm>.

13. Decreto 836/04. 7 de julio de 2004. *Boletín Oficial de la República Argentina*, núm. 30.438, 8 de julio de 2004. Disponible en: <http://servicios.infoleg.gob.ar/infolegInternet/anexos/95000-99999/96402/norma.htm>.

14. Decreto 578/05. 2 de junio de 2005. *Boletín Oficial de la República Argentina*, núm. 30.668, 6 de junio de 2005. Disponible en: <http://servicios.infoleg.gob.ar/infolegInternet/anexos/105000-109999/106817/norma.htm>. Disposición 53253/2005. 13 de diciembre de 2005. *Boletín Oficial de la República Argentina*, núm. 30.802, 15 de diciembre de 2005. Disponible en: <http://servicios.infoleg.gob.ar/infolegInternet/anexos/110000-114999/112185/norma.htm>.

presidente Néstor Kirchner presentó públicamente el Programa Patria Grande, que buscaba sintetizar estos mecanismos y
establecer los procedimientos para regularizar la permanencia
en Argentina de aquellos extranjeros nativos de países pertene-
cientes al MERCOSUR y sus estados asociados que se encontra-
ran residiendo en la República con anterioridad al 17 de abril de
2006. El Programa Patria Grande, como la ley de migraciones y
las otras medidas asociadas, se inscribía en la política migratoria
regional que impulsaba Argentina en el marco del MERCOSUR,
que había dado lugar en el año 2002 a la firma del *Acuerdo sobre
Residencia para Nacionales de los estados Parte del Mercosur, Bolivia y Chile[15]*, suscripto en la Cumbre de Presidentes en Brasilia
en diciembre de ese año, el cual fija un criterio de radicación ba-
sado fundamentalmente en la acreditación de la nacionalidad de
uno de los países de la región (Domenech, 2011).

Por su parte y complementariamente, el Ministerio de Relaciones Exteriores de Bolivia buscó reducir los costos y acelerar
los trámites de documentación mediante el Decreto Supremo
28.709[16], de mayo de 2006, prorrogado por el 29.875[17], de 2008,
que estableció un arancel único de tres dólares o su equivalente
en pesos argentinos por los certificados de nacimiento, de antecedentes policiales y de nacionalidad, y habilitó el acceso de
los cónsules a la base de datos del Registro Civil de Bolivia para
efectuar consultas, emitir certificados de nacimiento e introducir
datos sobre partidas registradas en el Consulado.

Partos en la frontera: fantasías y regulación social

Para justificar las restricciones en la documentación de niños,
los funcionarios del Registro Civil y de otros organismos de la
provincia, además de mencionar eventuales inscripciones fraudu-

15. Acuerdo sobre Residencia para Nacionales de los estados Parte del Mercosur,
Bolivia y Chile. 6 de diciembre de 2002. Disponible en: <http://www.mre.
gov.py/tratados/public_web/DetallesTratado.aspx?id=MpwQ6NSpfnr8aOg
EY8re4Q%3d%3d&em=lc4aLYHVB0dF+kNrtEvsmZ96BovjLlz0mcrZruYPc
n8%3d>.

16. Decreto Supremo 28.709. 10 de mayo de 2006. *Gaceta Oficial del Estado Plurinacional de Bolivia*, núm. 2887, 15 de mayo de 2006. Disponible en: <http://
www.gacetaoficialdebolivia.gob.bo/index.php/normas/buscar>.

17. Decreto Supremo 29.875. 24 de diciembre de 2008. *Gaceta Oficial del Estado
Plurinacional de Bolivia*, núm. 3153, 24 de diciembre de 2008. Disponible en:
<http://www.gacetaoficialdebolivia.gob.bo/index.php/normas/buscar>.

lentas, evocaban una figura de gran pregnancia social, esgrimida en ámbitos públicos y privados en La Quiaca y en San Salvador, la capital de la provincia, como síntesis de los perjuicios que la provincia sufriría de cara a la migración y el cruce fronterizo: "la mujer boliviana embarazada que cruza la frontera para parir del lado argentino"[18].

Esta figura, delineada en relación con el presunto aprovechamiento de la cobertura social estatal, en un contexto de distribución del presupuesto nacional considerado injusto e insuficiente para la provincia, justificaba la obstaculización de derechos, desde la documentación personal hasta el acceso a servicios sanitarios. La figura movilizaba, además, una serie de alarmas sobre los beneficios a mediano y largo plazo que les daría a las mujeres ser madres en territorio argentino. Tener un hijo en Argentina significa, en virtud de la vigencia del *ius soli*, tener un hijo argentino, y esto implica abrir el camino cierto y sencillo para la residencia permanente de los padres y luego para su nacionalización[19].

La cuestión de la pertenencia y la exclusión nacional resulta clave no solo porque es su condición de extranjeras lo que se esgrime como argumento para impedir su acceso gratuito a la atención del parto, sino también porque lo que está en juego es precisamente la obtención o no del DNI como madres de un hijo argentino. La consecución de la nacionalidad o de la residencia implicaría la adquisición de derechos básicos ligados a la ciudadanía formal y ello, a su vez, significaría la conquista de una posición desde la cual poder demandar por más derechos y más recursos.

Es por eso que en Jujuy se observan "políticas concretas que intentan limitar a esas *peligrosas productoras de ciudadanos*" (Karasik, 2005: 198). Dado que las dificultades para regularizar la

---

18. En un artículo anterior analicé en torno de esta figura (Caggiano, 2007) las ansiedades de género, clase social y raciales disparadas por el cruce de fronteras nacionales.

19. Esta es una posibilidad poco frecuente en el contexto internacional actual. En los países de la Unión Europea no es común que se asigne la ciudadanía vía *ius soli*, aunque existen alternativas para que los nacidos allí se vuelvan ciudadanos del país de residencia. Ello otorga un derecho de permanencia que protege a sus cuidadores de la deportación. En los Estados Unidos, en cambio, la Decimocuarta Enmienda de la Constitución estipula que se es ciudadano del país en virtud de haber nacido en su territorio, pero ello no evita que se generen estatus ciudadanos diferenciados en el interior de una misma familia (Lerma Rodríguez, 2016) y que, en un marco de marginalización, puedan ser considerados abyectos (Chavez, 2008; Massey, Pren y Durand, 2009) y deportados junto con sus padres indocumentados (Bauböck, 2015).

residencia pueden ser superadas por el nacimiento de un hijo en el país, el simple hecho de nacer franquea el camino para "aquello que es tan temido por la dirigencia política de Jujuy y los sectores empresariales y contratantes de inmigrantes en general: que los trabajadores extranjeros tengan los mismos derechos sociales que los argentinos" (Karasik, 2005: 209). Las preocupaciones en Jujuy acerca de los partos que suceden de su lado de la frontera enseñan, entonces, cómo algunas leyes de nacionalidad pueden encontrar resistencia en mecanismos de reproducción de desigualdad de clase (Bauder, 2008). Dada la específica combinación de explotación y exclusión de la estructura social de la región, se reclama el control restrictivo de las mujeres bolivianas y de sus embarazos porque el hijo argentino se ve como una posibilidad estratégica de que mejoren sus condiciones de vida.

Resultan sugerentes al respecto algunos hallazgos coincidentes de Mallimaci en su trabajo en Ushuaia, en el extremo sur patagónico, donde "la migración boliviana se convierte en «problema» cuando los trabajadores (temporarios) se convierten en residentes (permanentes)" (Mallimaci, 2014: 21). También allí, a más de cuatro mil kilómetros de la frontera con Bolivia, se vuelve recurrente la idea según la cual estas mujeres *vienen a parir* a la ciudad o, al menos, a inscribir a sus hijos en ella. Dado que según la legislación local "la condición para acceder a tierras o viviendas para los no nacionales es tener hijo/as" en la provincia (Mallimaci, 2014: 22), la capacidad de reproducción de estas mujeres supone un peligro, el de producir trabajadores que compitan de manera permanente por los recursos estatales.

Figuras como la de las mujeres que vienen a parir se entrelazan con la obstaculización de la entrega del DNI para plantear un reto al estado nacional en su facultad de atribuir la nacionalidad a (quienes pasarían a ser) sus ciudadanos. Si bien no se han materializado leyes o programas provinciales que lleguen a oponerse a las disposiciones del estado central, las trabas toman forma consuetudinariamente en acciones diseminadas en secretarías y direcciones provinciales, en ventanillas de organismos públicos de salud y educación, así como en los que se encargan directamente de la atribución de nacionalidad y ciudadanía, como los registros civiles.

Junto al argumento provincialista contra la histórica estructuración asimétrica de poder favorable a Buenos Aires, toma forma otra controversia, menos exhibible abiertamente, al menos desde dependencias estatales. Como se ha mostrado en otros trabajos, amplios sectores de la sociedad argentina consideran que los hijos de bolivianos nacidos en Argentina, no obstante ser jurídicamente argentinos por nacimiento, son bolivianos, para lo cual convergen concepciones racializadas de la nacionalidad y mecanismos de discriminación (Karasik, 2005; Caggiano, 2005 y 2007)[20]. Esta creencia supone la idea de nacionalidades engañosas y ofrece las bases para imputar falseamientos y mentiras a las madres que parirían en un territorio incorrecto. Un funcionario estatal puede asumir que una mujer con documentación boliviana o sin documentación no puede haber tenido un hijo argentino porque, en última instancia, parece no poder asumir que de madre boliviana nazca hijo/a argentino/a. En esta perspectiva, que una boliviana tenga a su hijo de este lado de la frontera constituye una suerte de engaño *per se*.

Por último, cabe señalar que muchos de los argumentos en este conflicto se formulan en clave de la retórica global alrededor de la seguridad de las fronteras, el tráfico de drogas y la trata y tráfico de personas que han colocado en agenda en los últimos años organismos internacionales como OIM, OEA o UNICEF, entre otros (Mansur Dias, 2014). Las simulaciones y mentiras que se imputan a madres y padres en la frontera van desde una adulteración de domicilio hasta el contrabando y el camuflaje de droga en el propio cuerpo o en el de los bebés, pasando por el préstamo de niños para cruzar la frontera. Del otro lado, la Pastoral Migratoria de la Prelatura de Humahuaca también ha desarrollado desde entonces una intensa actividad en torno a estos temas, particularmente el de la prevención de la trata, tráfico y explotación sexual comercial de niños, niñas y adolescentes[21]. A mediados de 2000, además, los estados parte del MERCOSUR, y el argentino en particular, también incorporaban activamente estos códigos[22].

---

20. En términos socioculturales el problema es incluso más complejo en la medida en que las cosas son de este modo también para muchos padres y madres bolivianos, para quienes sus hijos "llevan sangre boliviana" y, por consiguiente, son bolivianos, más allá de tramitar su correspondiente documentación y la nacionalidad argentina.

21. *Vgr.* VVAA. 2010b. *Los niños y las niñas no estamos en venta*. Argentina: Pastoral Migratoria - Prelatura de Humahuaca.

22. Secretaría de Derechos Humanos - Ministerio de Justicia y Derechos Humanos de la Nación Argentina (SDH - MDH). 2007. *La Protección de Derechos de los Niños, Niñas y Adolescentes frente a la Explotación Laboral, Sexual, la Trata,*

Producir población nacional en el exterior

Desde la llegada de Evo Morales y el MAS al poder en 2006, las migraciones internacionales tuvieron una visibilidad sin precedentes en la agenda política de Bolivia, cuyo estado se había posicionado hasta entonces como país receptor de migrantes (Domenech, 2009). Dicha visibilidad tomó una forma precisa. Funcionarios de estado y documentos oficiales fueron sustituyendo la categoría "migrante" por la de "boliviano residente en el exterior". Este cambio de categorías expresaba reorientaciones en las políticas de vinculación del estado con *su* población en el exterior que extendían su alcance más allá de sus fronteras territoriales[23].

Entre las medidas de revinculación del EPB (promoción de la doble nacionalidad, facilitación de la documentación de bolivianos y bolivianas fuera del país, reconocimiento del derecho a voto en el exterior, programa de Consulados Móviles), merece especial atención una modificación en el otorgamiento de la nacionalidad instaurado por la Nueva Constitución Política del Estado (NCPE), al establecer en su artículo 141 que "son bolivianas y bolivianos por nacimiento, las personas nacidas en el territorio boliviano [...] y las personas nacidas en el extranjero, de madre boliviana o de padre boliviano". El artículo estipula esta segunda alternativa de manera automática, los hijos de bolivianos en el extranjero serán bolivianos sin mediar trámite previo. En términos jurídicos, sanciona un régimen mixto de concesión de nacionalidad de origen que hace lugar al *ius soli* y al *ius sanguinis*[24].

---

el *Tráfico y la Venta*. Buenos Aires: SDH-MDH. Disponible en: <http://files.unicef.org/argentina/spanish/Cuadernillo_Trata.pdf>.

23. Decisiones similares de otras administraciones estatales fueron interpretadas en la década de 1990 como *políticas de vinculación* o de *reincorporación transnacional* (Guarnizo y Smith, 1998; Goldring, 2002). A comienzos de este siglo se habían registrado políticas de este tipo en países como México, Colombia, República Dominicana, El Salvador, Guatemala, Filipinas, Eritrea, India, Croacia, Ecuador, Brasil, Haití y Portugal, y se identificaron como antecedentes los casos de Hungría, Italia, Japón, China, Israel, Turquía y Argelia (Smith, 2003; Glick Schiller, 2005). Para dar cuenta de estos fenómenos, se propusieron conceptos como el de "estados-nación desterritorializados" (Basch *et al.*, 1994; Solomon, 2009), "estados-nación transnacionales" (Glick Schiller y Fouron, 1999; Glick Schiller, 2005), "políticas diaspóricas" (Bauböck, 2003; Lafleur, 2012; van Dongen, 2017), etc.

24. Recupero algunas líneas del argumento desarrollado en Caggiano (2018).

La modificación normativa ha impedido que, en adelante, hijos e hijas de bolivianos nacidos en España puedan obtener de manera sencilla su nacionalidad española, porque de acuerdo con el Código Civil de España, dada la vigencia del *ius sanguinis*, son españoles los hijos de españoles y los hijos de extranjeros reciben, en principio, la nacionalidad de los padres. Por cierto, un ítem de protección de los menores que busca evitar situaciones de apatridia abre la posibilidad de que estos puedan adquirir la nacionalidad española. La posibilidad era aprovechada habitualmente por migrantes bolivianos que tenían hijos en España antes de la promulgación de la nueva Constitución. La normativa boliviana anterior abría para los hijos de bolivianos nacidos en el extranjero la posibilidad de adquirir la nacionalidad si eran registrados por sus padres en la oficina consular correspondiente. Pero con ello se abría también la chance de obtener la nacionalidad española: los padres no inscribían al niño o la niña en el Consulado de Bolivia y, por tanto, no era boliviano. A continuación, con el certificado de no inscripción consular se solicitaba la nacionalidad española con valor de simple presunción, la cual era concedida de inmediato para evitar la apatridia del niño.

La modificación normativa que trajo la NCPE implica que al no existir ya el requisito de inscripción consular tampoco existe la alternativa de la no inscripción. A partir de ello, los registros civiles de España determinaron que los hijos de bolivianos ya no podrían acogerse a la solicitud de nacionalidad española con valor de simple presunción. En la actualidad corresponde, entonces, un recorrido escabroso y sin garantía de consecución. Primero hay que tramitar la residencia legal, para lo cual debe presentarse el pasaporte del niño, su certificado de nacimiento y un certificado de empadronamiento familiar, además de acreditar la residencia legal de los padres en España. Y recién luego de ser residente puede iniciarse la solicitud de la nacionalidad española, para lo cual se suma, a los documentos anteriores, la acreditación de medios económicos.

De esta manera, una medida de vinculación del EPB con los residentes en el exterior, dirigida en principio a garantizar protección y simplificar el acceso a derechos al allanar el camino de obtención de una pertenencia jurídica, coloca simultáneamente obstáculos a que estos mismos residentes puedan realizar el trámite básico y fundamental para reclamar derechos y protección en España y en Europa, y acaba siendo, paradójicamente, compatible con el endurecimiento de las políticas migratorias en esta región, que tuvieron su ápice en la aprobación en junio de 2008 de la Directiva de Retorno por parte de la Unión Europea[25].

Muchos de los bolivianos que advirtieron cómo podría afectarlos el nuevo escenario manifestaron su sorpresa y su rechazo. Hubo residentes en Madrid, por ejemplo, que se acercaron perplejos a las oficinas del Defensor del Pueblo de España con intención de profundizar en el tema y responsabilizaron de la nueva situación al estado español (fuente del Defensor del Pueblo, Madrid, mayo de 2012). Funcionarios del estado boliviano también reaccionaron. El entonces vicecanciller Hugo Fernández señaló que la nueva Constitución había sido malinterpretada y que se realizarían gestiones con el gobierno español para salvar el "problema de tipo legal que surgió por el cambio de la Constitución". Por su parte, Waldo Albarracín, ex Defensor del Pueblo de Bolivia, agregó que no se podían "adoptar decisiones en territorio español sobre la base de normas surgidas en otros países para restringir derechos de personas que viven dentro de la jurisdicción española"[26].

Hubo asimismo medidas concretas de parte del gobierno boliviano, como la emisión consular de certificados de no inscripción de los menores nacidos en España luego de la reforma constitucional, que los padres y madres bolivianos utilizaron como documentación probatoria en los trámites que iniciaron en los registros civiles de España para solicitar la declaración de nacionalidad española con valor de simple presunción para sus

---

25. La Directiva aprobada por el Parlamento Europeo estableció que en dos años los estados miembros debían armonizar normas y procedimientos para expulsar a nacionales de terceros países en situación documentaria irregular, estipuló el internamiento de estos migrantes para su retorno, así como prohibiciones de ingreso, entre otras disposiciones (ver Directiva 2008/115/CE. 16 de diciembre de 2008. *Diario Oficial de la Unión Europea*, L348, 24 de diciembre de 2008. Disponible en: <https://eur-lex.europa.eu/legal-content/ES/TXT/HTML/?uri=OJ:L:2008:348:FULL&from=ES>). Desde hacía dos décadas, a partir del ingreso de España a la Comunidad Económica Europea y de la firma del tratado de Schengen, la política migratoria española se había adecuado a los acuerdos supranacionales y había hecho propios temas como el control de las fronteras y categorías como la de los "migrantes extracomunitarios" (Pedone y Gil Araújo, 2008; García-González, López, Franas y Álvarez Veinger, 2012).

26. *Los Tiempos*. 9 de julio de 2009. "Gobierno cree que España malinterpretó la CPE". Disponible en: <http://www.lostiempos.com/actualidad/nacional/20090709/gobierno-cree-que-espana-malinterpreto-cpe>.

hijos. También la Embajada de Bolivia emitió con este propósito notas explicativas que indicaban, por ejemplo, que la NCPE "no contiene un mandato tácito" de nacionalidad y que reconoce "el derecho a la doble nacionalidad y la discrecionalidad de los padres para su ejercicio"[27].

La Dirección General de los Registros y del Notariado de España trató una cantidad de estas solicitudes desde 2009. El criterio de esta Dirección General es taxativo: se acepta que son españoles *iure soli* los nacidos en España de padres bolivianos antes de la entrada en vigor de la NCPE y se establece que no lo son los nacidos tras su entrada en vigor por corresponderles la nacionalidad boliviana de sus padres. Su argumento se apoya en que la Constitución de Bolivia adopta un régimen de atribución de la nacionalidad vía *ius sanguinis*, en que de acuerdo con este régimen los padres no detentan derecho a que la nacionalidad de sus hijos sea o no atribuida y en que la inscripción del niño es una mera formalización de la adquisición[28].

Lazos estatales y nacionalidad automática

Medidas como la modificación constitucional alientan un proceso de producción de población (Foucault, 2006) que busca resolver una preocupación oficial que precisamente se explicita en términos de una pérdida de "la capacidad de reproducción de nuestra población" (funcionaria de la Dirección General de Asuntos Consulares de Bolivia, marzo de 2012). Resulta clave aquí la automaticidad de la nacionalidad en el extranjero que la NCPE consagra. Al ser automática, la nacionalidad es involuntaria. Es cierto que la atribución de nacionalidad de origen –es decir, dada al nacer– no puede ser nunca voluntaria y es casi siempre automática (Trucco, 2007: 3). Pero para los migrantes en España la nacionalidad boliviana automática de sus hijos constituye una novedad que choca contra la posibilidad de obtener la naciona-

---

27. Resolución 10ª. 2 de marzo de 2012. *Boletín del Ministerio de Justicia. Resoluciones de la Dirección General de los Registros y del Notariado (De 1 de marzo de 2012 a 31 de marzo de 2012)*, 5 de diciembre de 2012. Madrid: Secretaría General Técnica, Centro de Publicaciones, p. 20.

28. Resolución 10ª. 2 de marzo de 2012. *Boletín del Ministerio de Justicia. Resoluciones de la Dirección General de los Registros y del Notariado (De 1 de marzo de 2012 a 31 de marzo de 2012)*, 5 de diciembre de 2012. Madrid: Secretaría General Técnica, Centro de Publicaciones.

lidad española, tal como había sucedido hasta poco tiempo atrás. La automaticidad, de esta manera, obstruye otras posibles vías de nacionalización y, por ello, puede ser algo no deseado y resistido.

Las intervenciones estatales distinguen claramente el territorio de la población, o al menos los énfasis respectivos que reciben cada vez. Con las acciones que apuntan a los emigrantes se trata de producir población nacional en el exterior del territorio. El lenguaje jurídico contempla esta distinción al diferenciar la supremacía personal, originada en el vínculo de nacionalidad y que permite al estado ejercer sus poderes respecto a quienes considera sus nacionales, aunque ellos se encuentren fuera de su territorio, de la supremacía territorial, que el estado detenta respecto a los extranjeros por el hecho de hallarse dentro del ámbito en que el estado ejerce su soberanía territorial (Trucco, 2007).

Con la aplicación del *ius sanguinis* automático en el extranjero, Bolivia –como otros países– ejerce fuera de su territorio una suerte de supremacía personal sobre los (aún) no nacionales, a quienes nacionaliza en su nacimiento o, en todo caso, prevé la aplicación del *ius sanguinis* sobre quienes aún no nacieron en el extranjero. El estado anticipa la producción de una población nacional haciendo navegar su supremacía personal en los flujos de la sangre y la descendencia.

Qué consecuencias y qué reacciones puede generar un conjunto de medidas del tipo de las impulsadas por un estado como el boliviano, que coloca en la agenda de gobierno la emigración y propone el "apoyo a la «vida transnacional»"[29], en un contexto de transformación del estado y activación de políticas de descolonización y reducción de desigualdades, es un interrogante que permanece abierto, y permanece así porque se trata de un proceso social: son hombres y mujeres haciendo su vida quienes se amoldarán o no a la nueva situación. Las consecuencias de las políticas de nacionalización a distancia no pueden pensarse monolíticamente, además, porque alcanzan a poblaciones que se rigen también por los encuadres jurídicos particulares de sus respectivas sociedades de residencia. De este modo, por ejemplo, al mismo tiempo que la nacionalidad automática implanta una limitación en España, en un país como Argentina, donde rige el

---

29. Ministerio de Relaciones Exteriores de Bolivia y Organización Internacional para las Migraciones (MRE y OIM). 2011. *Bolivianos y bolivianas en el exterior: Propuestas de política pública y Ley para las migraciones.* La Paz: OIM Bolivia, p. 21.

ius soli, supone virtualmente la doble nacionalidad automática (y la doble ciudadanía), lo cual puede traer aparejadas ventajas relativas.

Tensiones estatales, clase y género en la producción de población

Como algunos autores inspirados en Foucault han planteado, es útil pensar la gubernamentalidad a nivel del sistema de estados, partiendo de concebir este sistema como un régimen de gobierno que opera sin un único centro de control (Dean, 1999 y 2007). Este sistema separa poblaciones y distribuye los derechos y responsabilidades con los que los estados regulan sus entradas y salidas. Vista así, la ciudadanía puede considerarse no solo desde una perspectiva interna al estado, como un desarrollo progresivo de capacidades, derechos y responsabilidades en su interior, sino desde su lado externo, desde donde puede verse que ella "funciona como un marcador de identificación, informando a las autoridades sobre la pertenencia o no pertenencia de individuos particulares" (Kalm, 2008: 103). Se vuelve crucial, entonces, establecer diferencias entre quién es quién, a dónde pertenece cada quien y dónde puede o le corresponde estar. Entre las tecnologías que han posibilitado esto, además de los censos y otros sistemas de registro, fue crucial la invención de los documentos de identidad y, para la movilidad internacional, la del moderno sistema de pasaportes (Torpey, 2000).

Como analiza Kalm (2008), los organismos internacionales establecen lineamientos claros para orientar la acción estatal en la *gestión de las migraciones*. Por un lado, promueven la cooperación de los estados con un amplio abanico de actores, entre los que se cuentan organizaciones no gubernamentales de distinto alcance, organismos regionales interestatales (como el MERCOSUR o la Unión Europea), asociaciones del sector privado, otros estados, así como los propios organismos que redactan estas recomendaciones, como las Naciones Unidas y algunas de sus agencias (OIM –Organización Internacional para las Migraciones–, ACNUR –Alto Comisionado de las Naciones Unidas para los Refugiados–, UNFPA –Fondo de Población de las Naciones Unidas–, OIT –Organización Internacional del Trabajo– y otras), o el *Global Migration Group*, que reúne a varias de las anteriores con la Oficina de Drogas y Crimen de las Naciones Unidas y el Banco Mundial. Por

otro, insisten en convalidar una de las principales prerrogativas
reconocidas a cada estado nación, que es la de controlar los flujos de personas, la salida y la entrada de/a su territorio, es decir,
el derecho esencial de los estados modernos a monopolizar los
medios legítimos de movimiento (Torpey, 2000: 4 y ss.).

¿Qué muestran nuestros casos a propósito de la complexión
de las agencias que llevan adelante las acciones del estado, con-
solidando al propio estado con su accionar? En primer lugar, son
agencias que participan de conflictos. Está claro, como en el caso
desatado por la nueva Constitución boliviana, que hay tensiones
entre dependencias estatales nacionales de distintos países, bolivianas de un lado y españolas de otro, pero también hay conflictos
entre niveles de estado, como en el primer caso estudiado entre
leyes del Congreso Nacional argentino o el Registro Nacional de
las Personas y el Registro Civil de la provincia de Jujuy. Y también los hay dentro del mismo nivel del mismo estado, como en la
competencia por montos de cooperación o cuotas de presupuesto
entre, por ejemplo, la Dirección General de Asuntos Consulares,
dependiente del Ministerio de Relaciones Exteriores de Bolivia,
y el Servicio Nacional de Migraciones (SENAMIG), dependiente
del Ministerio de Gobierno (Domenech, 2009).

De la misma forma que los conflictos, las alianzas y la coordinación de acciones también tienen lugar a distinta escala, entre
algunas dependencias gubernamentales del mismo nivel, como
en Jujuy entre el Registro Civil provincial y la Secretaría de Derechos Humanos, o entre ellas y dependencias de nivel federal,
como la Gendarmería Nacional. Las alianzas, por lo demás, como
sugieren los organismos internacionales, van más allá de los entes gubernamentales. Todos ellos se conectan con alguno de estos organismos internacionales, así como con organizaciones no
gubernamentales nacionales y extranjeras, que brindan apoyo
financiero o técnico, conceptos, herramientas jurídicas y administrativas, y a veces protagonizan el conflicto, como sucede en
el primer caso con una sección regional de la iglesia católica. Las
dependencias estatales nacionales actúan también dentro de unidades políticas más amplias, como Argentina y Bolivia respecto
del MERCOSUR o España respecto de la Unión Europea. A la hora
de diseñar políticas dirigidas a los residentes en el exterior, por
último, las partes bolivianas no pueden ignorar sus relaciones
históricas con aquellos países ni las relaciones de fuerza entre
ellos, o sea, especialmente de cara a sus contrapartes españolas,

su posición vulnerable como aparato de estado de un país de emisión en este régimen de regulación global (Glick Schiller, 2007).
El estado que motoriza las situaciones analizadas o comparece en ellas está constituido por estas agencias concretas que, más allá de actuar en estructuras institucionales jerárquicas y tener historias en común, operan también con cierta autonomía a partir de la que estructuran sus múltiples relaciones. Las maneras de hacer que constituyen al estado se despliegan en diálogos multiescalares de los que participan organismos internacionales y globales y organizaciones locales, muchas veces en red. Estas acciones no ordenadas *a priori* por una fuerza motriz de dirección única y predeterminada tienen efectos contundentes sobre la vida de las personas, incluso antes de nacer. Que un niño obtenga o no la nacionalidad argentina o española (o sus padres la residencia o su propia nacionalidad), que la nacionalidad boliviana automática facilite una doble ciudadanía o que, por el contrario, la limite, depende de maneras de hacer estatales que se forjan en estas alianzas y disputas.

Por otra parte, además de los actores institucionales que buscan explícitamente regular la producción de población en la migración, otros actores sociales y otros valores se entretejen en este juego. El primero de los casos deja ver que los intereses sectoriales penetran estos procesos. Más precisamente, las resistencias provinciales a las leyes nacionales están permeadas por intereses de clase, en la medida en que son algunos sectores empresariales de la provincia los beneficiarios inmediatos de mantener una masa de posibles empleados en situación de vulnerabilidad documentaria, sin sus derechos ciudadanos garantizados (De Genova, 2002; Bauder, 2008).

Asimismo, la recurrencia de la imagen estigmatizante de la mujer boliviana que cruzaría la frontera para parir del lado argentino, reiterada por funcionarios estatales en la provincia de Jujuy y en geografías tan distantes como el sur de la Patagonia (Mallimaci, 2014), recuerda que, como analistas feministas observaran hace tiempo, la producción y el sostenimiento de la desigualdad en las sociedades de clase requiere de un sistema ideológico e institucional heteronormativo y patriarcal que promueva el control de las mujeres, de sus cuerpos y su capacidad reproductiva (Stolcke, 1992; Rubin, 1998; Davin, 1997).

En síntesis, los desplazamientos poblacionales contemporáneos actualizan uno de los dilemas primordiales y constitutivos

del período formativo de los estados-nación modernos: determinar las condiciones para establecer la pertenencia a un estado, "circunscribir la colectividad de ciudadanos" (Stolcke, 2000:
23; Brubaker, 2010), poniendo bridas al movimiento del trabajo
(Mezzadra, 2005). No se trata simplemente de la determinación
positiva de un conjunto de personas como población de un estado.
Son procesos tensos y disputados en los que las agencias estatales
producen población y se legitiman a sí mismas en interacciones
no exentas de conflicto con otras agencias estatales y no estatales
a diferente escala (Sikkink, 2003). Por otra parte, la producción
de población que hace foco en los hijos de migrantes está siempre
ya cargada de clase y de género. Corrobora y anticipa desigualdades que complementan aquellas que instaura el reconocimiento/
desconocimiento de la pertenencia nacional y ciudadana.

La persistencia de la nacionalidad en las ciudadanías contemporáneas

Las cuestiones que se desatan alrededor de las migraciones,
los estados, la globalización y el transnacionalismo problematizan
la relación entre nacionalidad y ciudadanía (Smith y Guarnizo,
2009), comúnmente asumida como de superposición o de subsunción de ambas en un único estatus indistinto. De hecho, desde el punto de vista legal ambos términos son a menudo usados
como sinónimos[30]. Pero esta superposición es histórica, es decir, no siempre se dio por descontada y, según algunos autores
(*vgr.* Sassen, 2002), comienza a no ser tomada así en las últimas

---

30. Más precisamente, al lado de grandes similitudes, hay una miríada de pequeñas diferencias entre países en la definición de cada concepto y de la relación
entre ambos. Pueden verse precisiones conceptuales acerca de *nacionalidad*
y *ciudadanía* en el mundo actual y útiles perfiles acerca de leyes y políticas de ciudadanía en países de Europa y América en el Observatorio EUDO
Citizenship <http://eudo-citizenship.eu>. En cualquier caso, la subsunción
de nacionalidad y ciudadanía en un único estatus se vincula con la dificultad
para distinguir los requerimientos formales para adquirir la ciudadanía de
los derechos sustantivos que ella implica, o "las condiciones *para* ser miem-
bro de un estado nacional y los derechos *derivados de* serlo" (Stolcke, 2000:
24; Brubaker, 1992; Jones-Correa, 2001). Además, aunque técnicamente
cada término refleja una estructura legal diferente –la ciudadanía se limita
a la dimensión nacional mientras que la nacionalidad refiere a la dimensión
legal internacional en el contexto de un sistema interestatal–, ambos se relacionan con el estado nación, identificando "la condición legal de un individuo
en términos de pertenencia a un estado" (Sassen, 2002: 7).

décadas –en cierta medida como consecuencia de la movilidad humana contemporánea–, cuando emergen formas de emancipación de la ciudadanía respecto de la nacionalidad (Kivisto y Faist, 2007). En un contexto global en que el estado nación compite con numerosos ámbitos alternativos en la definición de derechos, obligaciones, afiliaciones e identidades, se ha puesto en discusión el carácter presuntamente intrínseco de la relación entre la ciudadanía y el estado nación, y se han señalado formas postnacionales, transnacionales o denacionales de ciudadanía (Soysal, 1994; Besserer, 1999; Bosniak, 2000; Sassen, 2000 y 2002; Liebert, 2005; Smith, 2007; Bloemraad *et al.*, 2008; Smith y Bakker, 2008; Calderón Chelius, 2013).

Sin negar la existencia de estas formas alternativas de ciudadanía, intervenciones estatales como las analizadas aquí estrechan la relación entre ciudadanía y nacionalidad. Las agencias estatales se muestran muy activas en la dinámica de desajustes y reajustes de los vínculos entre nacionalidad y ciudadanía (Brubaker, 2010). En el caso de la nacionalidad argentina para los hijos de padres bolivianos, ella no solo tiene efectos directos en las prácticas ciudadanas futuras de estos niños, sino en las de sus padres, en terrenos sensibles como el laboral y el del acceso a programas sociales. En el caso de la modificación que supuso la NCPE, la nacionalidad boliviana muestra su carácter constitutivo para el ejercicio de la ciudadanía en Bolivia, al tiempo que la producción automática de bolivianos en el extranjero obstaculizará las tácticas de ciudadanización de algunos migrantes en España. No se trata solo de insistir en la importancia de los *papeles* en el ejercicio de derechos, sino de advertir acerca de estas precisas diligencias estatales alrededor de las migraciones y la movilidad humana, y sobre su repercusión en las prácticas ciudadanas y el ejercicio de derechos de los actuales –y de los futuros– (no) ciudadanos.

Complementariamente, estas diligencias estatales encuadran la interlocución con las personas de manera de hacer que algunas de sus propias prácticas contribuyan a este estrechamiento. En momentos críticos en que un hijo puede quedar sin reconocimiento de parte de estado alguno o en que unos determinados derechos ciudadanos nacionalmente definidos pueden serle a uno arrebatados, las acciones de los migrantes podrán reforzar también (de manera buscada o no) la relación entre ciudadanía y nacionalidad. La observación de Sassen de que la ciudadanía "es una institución que puede cambiar del mismo modo en que ha cambiado el significado de lo «nacional»" (Sassen, 2002: 16) debería permitirnos advertir que los desplazamientos entre nacionalidad y ciudadanía se dan en direcciones variadas o, al menos, en dos direcciones: de alejamiento pero también de acercamiento.

Conclusiones

Dos hermanas de una familia del sur de Bolivia deciden emigrar, una por tierra hacia el norte argentino, otra por aire hacia Madrid. Pasado el tiempo, esta última tiene dos hijos en España y aquella uno en Argentina. El que nació en este país en la segunda mitad de la década de 2000 es argentino porque rige el *ius soli* y porque el estado argentino lo promovía, aunque dependencias del estado jujeño obstaculizaran esa atribución de nacionalidad. El primero que nació en España, en 2007, es ciudadano español y comunitario porque sus padres pudieron solicitar la nacionalidad con valor de simple presunción para evitar la apatridia. El segundo, nacido tras la puesta en vigor de la NCPE, es boliviano, en virtud de la automaticidad del *ius sanguinis* que ella consagra. Podríamos agregar imaginariamente un tercer niño de una tercera hermana que, nacido en los Estados Unidos, sea ciudadano de ese país, pero cuyos padres sin papeles sean pasibles de deportación. De manera condensada, la vida de estas personas muestra cómo sus desplazamientos espaciales y, sobre todo, las intervenciones estatales que les conciernen transforman profundamente posiciones que en un comienzo estaban tan emparentadas.

La situación expone dos puntos con claridad. El primero es la variabilidad temporal y espacial de estos procesos. Temporal porque las modificaciones reglamentarias pueden darse en el lapso de un puñado de años, y espacial porque las diferencias son más o menos formalizadas en intervenciones de agencias estatales de distinto nivel y jurisdicción. El segundo punto es que la potestad que los estados detentan para definir quién es ciudadano y quién migrante, y quién migrante de qué país y en qué condiciones es fundamental en el control del propio proyecto migratorio y de vida.

El nacimiento de un niño, vivido en las sociedades occidentales principalmente como acontecimiento íntimo y familiar, se revela *locus* privilegiado de la conformación permanente del estado, a través de prácticas por las que se da a sí mismo sentido y existencia. Cualquier política migratoria convalida el hecho de que hay o habrá unos –los *insiders*– cuyas voces y reclamos valen y otros –los *outsiders*– cuya legitimidad podrá al menos cuestionarse (Kalm, 2008). Las políticas positivas y negativas de asignación de nacionalidad y ciudadanía son, entonces, parte constitutiva de los procesos de producción de población, y las dependencias estatales se re-crean al modificar y renovar las acciones que les dan forma. En el contexto social actual de movilidades espaciales, crecen las intervenciones sobre poblaciones en movimiento, actualizándose uno de los rasgos que caracterizan a los estados desde el siglo XVIII, momento en que empiezan a definirse crecientemente, además de por su territorio, por la masa de la población y por las dinámicas de circulación que la afectan (Foucault, 2006). Los flujos en general, y los flujos poblacionales en particular son uno de los elementos que especifican las intervenciones estatales contemporáneas.

En los casos analizados, diferentes agentes estatales de distintos países y niveles participan formulando e interpretando normas para la promoción u obstrucción de derechos de los migrantes, fundamentalmente en clave de sangre y descendencia o de territorio (que, ciertamente, no son equivalentes ni en sus efectos inmediatos ni en las condiciones que colocan para la acción de los propios migrantes). Con estas intervenciones las dependencias estatales estrechan la relación entre nacionalidad y ciudadanía, al recordar el carácter fundante que puede adquirir la pertenencia formal a una unidad política como requisito para determinadas prácticas ciudadanas.

Recurriendo a la figura de Shachar (2009), en la "lotería del derecho por nacimiento" (*birthright lottery*), y palmariamente en la del derecho por nacimiento en contextos migratorios, se juega con cartones adulterados por actores con disparidades de poder. Al estrechar el vínculo entre nacionalidad y ciudadanía, las dependencias estatales fortifican sus propias posiciones relativas y definen las condiciones para estar *dentro* y *fuera*, y estructuran desigualdades entre quienes quedan de un lado y de otro. Como señala Brubaker, dadas las inmensas disparidades económicas, políticas, demográficas, sanitarias y ambientales entre los estados, el "sistema segmentario de inmovilidad forzada" que constituye la ciudadanía "contribuye decisivamente a perpetuar enormes desigualdades globales en las oportunidades de vida" (Brubaker, 2015: 19 y 20).

Ahora bien, la división es simple solo en apariencia. Además de estados y sociedades más ricas y estados y sociedades más pobres, la gestión de la población puede verse resquebrajada cuando es llevada adelante por dependencias estatales de diferente nivel que entran en conflicto, como el abierto entre una provincia pobre como Jujuy y un estado nacional con sede en la ciudad más rica del país (Buenos Aires). Por otro lado, las dificultades en el sistema de estados para el reconocimiento de ciudadanías múltiples hace que una disputa como la que se dio entre dependencias españolas y bolivianas acerca de cómo interpretar un cambio normativo directamente ignore los caminos alternativos utilizados hasta entonces por los migrantes para ejercer formas de ciudadanía en uno y otro lado. Por fin, en la gestión de la nacionalidad y la ciudadanía las dependencias estatales también permean intereses y valores de clase, de género y otros, como pudo verse en el caso de las presiones empresariales que aprovechan la mano de obra migrante a la que no se le reconocen plenos derechos de ciudadanía en Jujuy. Así, además de las desigualdades entre quienes quedan dentro y quienes quedan fuera, atribuciones específicas de nacionalidad y ciudadanía consagran asimetrías y jerarquías también entre quienes quedan dentro de un país.

Como en todo proceso social, hay ataduras y también resistencias, o intentos de desembarazarse de esas ataduras. Los migrantes actúan y pueden muy bien lograr sus objetivos con las estrategias que presumen más eficaces en una determinada "constelación de ciudadanía" y de cara a la "estructura de oportunidades ciudadanas" (Bauböck, 2010: 849) y el "sistema de preferencias" (Mateos y Durand, 2012: 17) del estado de residencia en cuestión. Pero las ataduras son fuertes y el margen de maniobra de los migrantes limitado. Si se consideran los impedimentos de padres y madres bolivianos en Jujuy o en España para inscribir a sus hijos, la lucha se devela extremadamente difícil. Y esto sin siquiera observar el fenómeno desde la perspectiva de los niños y las niñas.

Las intervenciones estatales no son absolutas ni definitivas, pero son contundentes en el control del proyecto migratorio. Mediante el recurso a herramientas clásicas, como la atribución de nacionalidad, las dependencias estatales habilitan u obstruyen prácticas ciudadanas en su territorio y en otros. Si bien los migrantes llevarán a cabo prácticas ciudadanas no necesariamente consagradas institucionalmente y podrán obtener reconocimientos de otros actores sociales y políticos, en muchas de las ocasiones en que se definan y redefinan sus posiciones y relaciones en torno del trabajo, la participación política y la definición misma de necesidades y derechos estas tempranas intervenciones estatales articuladas a las de otros actores globales y transnacionales volverán a mostrar su peso y estarán allí ordenando una parte sustantiva del tablero donde el juego se desarrollará.

Capítulo 2

Luchas deshilachadas.
Trabajo, clase y nacionalidad en
la industria de la indumentaria[31]

Introducción

Además de las dificultades que comparten con otros trabajadores, los trabajadores migrantes experimentan comúnmente una mayor vulnerabilidad, mayor informalidad en el empleo, menores salarios relativos y obstáculos para acceder a la cobertura social, lo cual suele ir de la mano de formas más o menos explícitas de discriminación. La industria de la indumentaria en Argentina, sostenida en las posiciones más desfavorecidas del escalafón por migrantes bolivianos, da muestras claras de ello.

En este capítulo me centro en el modo en que distintas OSCs intervienen sobre las desigualdades y violaciones de derechos de los migrantes en el mundo laboral. Estas intervenciones se dan al menos en dos facetas: cómo luchar contra las desigualdades que afectan a estos trabajadores y trabajadoras en tanto que inmigrantes, es decir, en tanto que extranjeros o de acuerdo con una presunta particularidad nacional o étnica y cómo hacerlo

---

31. Avances de este capítulo fueron presentados en diversos espacios de intercambio de la red *desiguALdades.net* (Instituto Latinoamericano-Universidad Libre e Instituto Iberoamericano de Berlín) entre 2012 y 2013. Una versión anterior del texto fue presentada en el VII Congreso Internacional del Consejo Europeo de Investigaciones Sociales de América Latina-CEISAL (Universidad Fernando Pessoa, Oporto) en junio de 2013 y publicada en la *Revista CIDOB d'Afers Internacionals* (Caggiano, 2014a).

contra las desigualdades que estos migrantes comparten con el resto de los trabajadores, precisamente en tanto que tales.

En sus respuestas a estas cuestiones las organizaciones mantienen entre sí diálogos fallidos en torno a las categorías sociales a utilizar, la jerarquización de problemas y la determinación de intereses comunes y opuestos. Sin desconocer las potencialidades y avances de muchas de sus iniciativas, procuro aportar a la comprensión de algunas limitaciones de sus luchas, evaluadas y expuestas como tales por los miembros de dichas organizaciones.

Estas limitaciones derivan de dos problemas vinculados a las categorías con las cuales se viven y experimentan las posiciones y relaciones sociales (Hall, 2003a): la virtual ausencia o la presencia esporádica de trabajadores y trabajadoras bolivianos en las organizaciones que atienden temas laborales y las desavenencias entre organizaciones que apelan a la clase y organizaciones etno-nacionalistas. A modo de rápida ilustración, al relatarme su trayectoria como activista, un trabajador boliviano de la construcción, que en algún momento se dedicó también a la costura, y que llegara a formar parte de una comisión directiva regional de una central sindical argentina me contó que antes, en Bolivia, había sido dirigente campesino de la Confederación Sindical Única de Trabajadores Campesinos de Bolivia –CSUTCB–, dirigente de Derechos Humanos y militante de la izquierda. Ya en Argentina, desde dicha central lo invitaron a sumarse a una sección de Pueblos Originarios, y se dijo: "como yo soy originario, participaré en eso" (Orlando, 62 años, 45 en Argentina desde su primer ingreso, 2012[32]). Por su parte, Amado, directivo de ARBOL –Asociación de Residentes Bolivianos–, una asociación de "bolivianos originarios", como aclara, y cuyos integrantes se desempeñan en diversos rubros laborales, narró cierta tensión en uno de los pocos acercamientos que tuvo a un sindicato: "en un momento [un dirigente] me invitó a que participe con ellos... pero nosotros nunca nos afiliamos; el objetivo nuestro es distinto, *crecer en lo nuestro*; si algún día hay que afiliarnos, nos afiliaremos como una organización, no como ellos quieren, de a uno, porque eso te divide" (Amado, 45 años, 20 en Argentina, 2012).

Las tensiones en el acercamiento y alejamiento de trabajadores migrantes a determinadas organizaciones y las discrepancias entre dichas organizaciones dan cuenta de disputas en las

---

32. He optado por utilizar nombres ficticios para preservar la intimidad de entrevistados y entrevistadas, aunque utilizo el nombre real de las organizaciones.

que está en juego el sentido mismo que adquirirá aquello por lo
que se lucha y aquellos que luchan. Las categorías nacionales,
étnicas, sindicales, políticas u otras de identificación –y las diferencias entre ellas– juegan un papel crucial en la decisión de
las personas de reunirse en una asociación. Como señalé en la
introducción, en el proceso mismo de la contienda se definirán
sus protagonistas (Thompson, 1989), se establecerán los intereses propios y se reconocerán o desconocerán los ajenos. En ese
proceso unas posiciones se percibirán y experimentarán como
injustas, unas relaciones como asimétricas y otras no, o se inter-
pretarán como asimetrías tolerables, legítimas o hasta naturales.
La intersección de ejes de desigualdad y de diferencia subtiende
esta dinámica categorial.

El capítulo explora la configuración concreta de pertenencias
de clase y nacional en la industria de la indumentaria porteña y
bonaerense en las primeras décadas de este siglo. La primera sección resume brevemente las condiciones económicas y el mercado
en que se insertan laboralmente los migrantes y reconstruye el
mapa de asociaciones que los tienen como protagonistas o destinatarios de sus acciones, llamando la atención sobre el redu-
cido involucramiento de migrantes en cuestiones laborales. Con
foco en los talleres de indumentaria, la sección subsiguiente da
cuenta de las acciones desarrolladas por algunas organizaciones,
asociaciones, fundaciones y sindicatos, poniendo de relieve las referidas desavenencias entre ellas. En los talleres de indumentaria
se entretejen desigualdades vitales, de recursos y existenciales
(Therborn, 2006 y 2011), pero cada organización se concentra apenas en algunos hilos de ese complejo entramado. Las
organizaciones manifiestan dificultades para actuar sobre el
entrelazamiento de desigualdades –principalmente clase y nacionalidad– y desarrollan formas de pertenencia colectiva aparentemente inconciliables en torno a estas dimensiones.

Trabajo migrante y condiciones laborales

En distintos lugares del mundo las estrategias empresariales de externalización de la producción y de subcontratación e
informalidad suelen recaer sobre trabajadores y trabajadoras
inmigrantes con bajos ingresos (Sassen, 1991; Portes, 1995). Ello
se constata de modo particular en la industria de la indumentaria
(Green, 1996; Ness, 2005; Montero, 2011), en la que el contrato

de pequeños talleres informales y el pago a destajo permite a las grandes marcas contratistas hacer frente a la alta inestabilidad y volatilidad de la demanda que caracteriza al sector (Quinteros, 2000), limitando su actividad a las secciones de diseño, moldería, marca, imagen, marketing y comercialización (D'Ovidio, 2007).

Además de otros rubros, como el agrícola y de trabajo estacional, el servicio doméstico, el de restaurant y hotelería, en Argentina la informalidad afecta en especial al sector de la indumentaria, donde se desempeñan mayormente migrantes procedentes de Bolivia. Durante la segunda mitad de la década del noventa la industria del vestido sufrió una marcada caída. Entre 1997 y 2003 el empleo formal en el sector disminuyó casi un 60%. La salida de la crisis de 2001-2002 dio lugar a una recuperación económica que tuvo en la producción de prendas de vestir uno de los rubros más dinámicos, mostrando hacia el final de esa década un crecimiento de alrededor del 70% en el país y números similares en Buenos Aires (Montero, 2011). Si durante el decrecimiento del sector el sistema de tercerización y contrato de talleres se expandió, el crecimiento económico de la década siguiente no hizo menguar ese modelo de producción (Boffi, 2013). A pesar del crecimiento sostenido del Producto Bruto Interno tras la salida de la crisis de 2001-2002, que se acompañó de una reducción de la desocupación y la subocupación[33], datos del Ministerio de Trabajo y de la Encuesta Permanente de Hogares indicaban que durante más de diez años la informalidad laboral rondó el 37%[34], que se habría mantenido y hasta ampliado en la segunda mitad de la década de 2010. Considerando talleres no habilitados y trabajadores no registrados, se estima que más del 80% de la producción de indumentaria de la ciudad y la provincia de Buenos Aires se realizó en ese período bajo condiciones de informalidad.

Incluso en los años de recuperación económica, la presión por el empleo continuó jugando un papel central en la vida de los trabajadores migrantes. En el "mundo de los talleres", como lo llaman los propios migrantes, los empresarios apelan al fantasma del desempleo y de la deportación ante el reclamo de los trabajadores, no obstante la Ley de Migraciones N° 25.871 exija

---

33. Instituto Nacional de Estadística y Censos (INDEC). 2012. *Encuesta Permanente de Hogares continua*. Disponible en: <www.indec.gov.ar>.

34. Ver Bertranou y Casanova (2013) y también Cufré, David. 24 de agosto de 2008. "Hay que terminar con el trabajo esclavo", *Página 12*. Disponible en: <http://www.pagina12.com.ar/diario/economia/2-110308-2008-08-24.html>.

a los empleadores el ajuste a la legislación laboral, cualquiera sea la condición migratoria del trabajador.

La producción de los talleres se comercializa parcialmente en mercados informales, algunos de gran tamaño que proveen a comercios minoristas de distintos puntos del país, pero está principalmente dirigida a las grandes empresas-marcas nacionales y transnacionales que tercerizan su producción. Además de los trabajadores y las grandes marcas, se encuentran los talleristas, entre los que cabe distinguir un abanico que incluye los familiares, con dos o tres máquinas, los pequeños y, en porción minoritaria, los medianos, que pueden contar con unas veinte máquinas o más[35]. Es común que los talleristas –propietarios o encargados– sean ex costureros y las condiciones de vida y de trabajo de ellos y sus familias no estén tan alejadas de las de sus empleados, algunos de los cuales pueden ser también parte de la familia, todo lo cual parece acercarlos entre sí.

No existen cálculos precisos del número efectivo de talleres ni de los trabajadores que emplean, pero un informe del INDEC señala que a mediados de la década pasada trabajaban en el sistema más de treinta mil personas[36]. La tasa de empleo femenino en el sector textil es del 54%, constituyendo la rama industrial con mayor proporción de empleo femenino y la única donde la participación de las mujeres supera a la de los varones (Boffi, 2013).

En los talleres de confección el capital social y las redes interpersonales establecen lealtades y compromisos en los que juegan un papel relevante las relaciones de parentesco, así como el compadrazgo horizontal y vertical (Albó y Barnadas, 1990). Todo ello convive con las reglamentaciones administrativas y las normativas legales, generando un entrecruzamiento y una superposición de institucionalidades (Caggiano, 2010; Ong, 2012).

El asociacionismo entre trabajadores migrantes

Los trabajadores migrantes desarrollan experiencias colectivas muy diversas que originan procesos de identificación social

---

35. Cuando las empresas marca son grandes la cadena puede ampliarse y complejizarse, registrándose la presencia de empresas intermediarias y de talleres intermediarios entre aquellas y los talleres encargados de la confección (Boffi, 2013).

36. Instituto Nacional de Estadística y Censos (INDEC). 2006. *Anuario Estadístico*. Buenos Aires: Ministerio de Economía.

en términos étnicos, nacionales, religiosos, de clase o de género, entre otras alternativas, que pueden implicar conflictos hacia dentro y hacia fuera. Las experiencias compartidas no se dan, desde luego, solamente en el lugar de trabajo, sino en muy variados ámbitos y en torno a diferentes prácticas. Y el sentido político de las experiencias de vida, además, se construye y reconstruye en espacios públicos y privados más allá y más acá de las instancias asociativas y de los lugares de trabajo: en el seno familiar y las redes de parentesco, en los campeonatos de fútbol o las fiestas patronales y comunitarias, etc.

Los datos existentes sobre el panorama asociativo tienen ya algunos años, pero permiten hacerse una imagen al respecto. En los años setenta, de acuerdo con Gavazzo (2009), algunas organizaciones se vinculaban a los movimientos villeros y otras se definían como culturales, y a finales de esa década surgieron las primeras ligas de fútbol, en Buenos Aires y el conurbano. Un relevamiento de asociaciones de la comunidad boliviana elaborado en 2004 por la Organización Internacional para las Migraciones (OIM) y el Centro de Estudios Migratorios Latinoamericanos (CEMLA) señala que la finalidad cultural es la predominante, y luego se ubican la religiosa, la deportiva y la social, tanto a nivel nacional como en la ciudad de Buenos Aires, el área metropolitana y La Plata, que alojan en conjunto alrededor del 50% de las asociaciones de todo el país[37]. Coincidentemente, la Encuesta Complementaria de Migraciones Internacionales, que pregunta en términos generales por la participación de migrantes en OSCs, da cuenta de la preeminencia de las asociaciones religiosas, seguidas de las recreativas/deportivas/culturales, así como de la importancia de las asociaciones de compatriotas[38]. A finales de la década de 2010 se advierte un crecimiento del número de agrupaciones político partidarias, así como la incipiente formación de agrupaciones de mujeres migrantes (IDES, 2011)[39].

37. Organización Internacional para las Migraciones (OIM) - Centro de Estudios Migratorios Latinoamericanos (CEMLA). 2004. *Relevamiento y diagnóstico de las Asociaciones de la comunidad boliviana en la Argentina. Informe Final.* Buenos Aires: OIM-CEMLA.

38. Instituto Nacional de Estadística y Censos (INDEC). 2003. *Encuesta Complementaria de Migraciones Internacionales.* Disponible en: <https://www.indec.gov.ar/micro_sitios/webcenso/ECMI/index_ecmi.asp>.

39. Otros antecedentes sobre asociacionismo entre migrantes de países de la región en años recientes: Dodaro y Vázquez, 2008; Halpern, 2009; Pizarro, 2009 y 2011; Baeza, 2011 y Benencia, 2000 y 2011.

Las asociaciones con más altos niveles de adhesión entre los migrantes, las culturales, van desde casas de cultura a fraternidades de danza o música, y la participación con finalidad religiosa puede designar, además de la pertenencia a una congregación particular, la organización de actividades circunstanciales como las fiestas patronales. Las asociaciones deportivas, por su parte, tienen como actividad más común y aglutinante la realización de torneos de fútbol –mayoritariamente masculinos, aunque también femeninos– que constituyen, junto con las celebraciones y festividades, escenarios para el encuentro y la interacción con paisanos que crean y refuerzan vínculos y solidaridades.

De las redes que las asociaciones culturales, religiosas y deportivas fomentan toman parte migrantes en tanto compatriotas, paisanos de una misma región de procedencia, parientes o amigos. Es posible encontrar en ellas diversidad generacional y de género, así como respecto de los años pasados en el lugar de destino y la posición socioeconómica alcanzada. También es posible hallar en esas redes personas que tienen entre sí vínculos de empleador/a – empleado/a en sectores económicos como la industria de la indumentaria, la construcción y la horticultura.

Como distintas investigaciones han mostrado, los espacios de encuentro e interacción que estas organizaciones promueven son ocasiones donde se ponen de manifiesto y se convalidan jerarquías sociales. No cualquiera puede representar cualquier papel. Hay roles en las fiestas, por ejemplo, que requieren disponer de considerables sumas de dinero. Estos espacios pueden operar también, consecuentemente, como circunstancias de encuentro para aquellos que buscan empleo y aquellos que buscan trabajadores (Grimson, 1999; Giorgis, 2004; Sassone, 2007; Sassone y Hughes, 2009; Caggiano, 2012a).

En el panorama asociativo migrante no hay organizaciones sindicales o que se planteen como finalidad la defensa de los derechos de trabajadores y trabajadoras. Una excepción fue el Movimiento de Costureros Inmigrantes Bolivianos (MCIBOL), impulsado en 2009 en Buenos Aires por un pequeño grupo de costureros para realizar tareas de capacitación sindical dirigidas a "trabajadores inmigrantes bolivianos y de otras procedencias", denunciar las condiciones de explotación en las fábricas y talleres textiles[40] y pelear por el respeto de derechos laborales básicos y

---

40. En general, "sector textil" refiere al rubro de la fabricación de hilados, de telas y otros productos que se utilizarán luego en el "sector de indumentaria",

contra la discriminación. El grupo no logró una amplia convocatoria o capacidad de movilización y abandonó la actividad en los primeros años de 2010[41].

Desde su creación se opuso a la Asociación Civil Federativa Boliviana (ACIFEBOL), sobre la que volveremos, que tiene entre sus principales propósitos la defensa de los talleres de confección bajo propiedad o gestión de bolivianos frente a las inspecciones y clausuras que el estado de Buenos Aires iniciara a mediados de la década de 2000, luego de volverse parte de la agenda pública el tema de los talleres clandestinos. La ACIFEBOL declara tener vínculos con centrales de trabajadores argentinas y bolivianas (IDES, 2011) y defender las fuentes laborales, pero otras agrupaciones como el MCIBOL la sindican como una asociación de talleristas más que de costureros, ya que entre sus representantes se cuentan varios responsables de talleres. Desde antes de su constitución formal como asociación civil, en 2008, este grupo ha demostrado una importante capacidad de convocatoria, puesta en acto en manifestaciones públicas que reunieron a centenares de migrantes bolivianos, entre costureros y talleristas[42].

En resumen, el panorama asociativo entre los migrantes bolivianos en Buenos Aires exhibe la preeminencia de los objetivos culturales, religiosos y deportivos y la virtual inexistencia de agrupaciones sindicales o de lucha por los derechos de los trabajadores, no obstante ser mayormente trabajadores y trabajadoras bolivianos quienes dan vida a aquellos espacios institucionales o participan de las actividades que ellos promueven[43].

---

dedicado a la confección de prendas de vestir. La informalidad laboral y de las unidades productivas, así como las condiciones de trabajo en general, son muy diferentes en uno y otro sector en Argentina (Boffi, 2013; Bertranou y Casanova, 2013). A veces, no obstante, utilizo el término "talleres textiles" siguiendo la forma en que se refieren a ellos los propios talleristas y costureros, las organizaciones y sindicatos, los medios de prensa y la dirigencia política.

41. Puede consultarse su weblog en: <http://movimientodecostureros.wordpress.com>, actualizado por última vez a inicios de 2012. Ver también Vázquez, René. 4 de octubre de 2009. Entrevista de Nueva Bolivia "MCIBOL es una institución que debió existir hace mucho tiempo" [video]. Disponible en: <https://www.youtube.com/watch?v=pKtaHoIIbJw>.

42. Lipcovich, Pedro. 4 de abril de 2006. "Una pelea después de las llamas", *Página 12*. Disponible en: <http://www.pagina12.com.ar/diario/elpais/1-65172-2006-04-04.html>.

43. El 30 de marzo de 2017 un conjunto de agrupaciones convocó al primer Paro Migrante en Argentina. No es posible saber aún si esto da cuenta de un cambio en el panorama organizacional de los migrantes o podrá generarlo.

Por otro lado, en los sindicatos de Argentina la participación de migrantes bolivianos es muy baja, según indican varios dirigentes entrevistados, lo cual resulta más significativo si se considera el aumento general de afiliación y el incremento de la densidad sindical entre 2003 y 2010 (Palomino, 2011). También es escasa la presencia de migrantes en OSCs no sindicales que actúan en defensa de los derechos de los trabajadores.

La forma que toma el proceso laboral presiona para que los niveles de conflicto sean bajos o no alcancen niveles de agregación. La fuerza laboral dividida en miles de pequeños talleres a lo largo de una porción territorial amplia separa a los trabajadores y dificulta la organización colectiva (Montero Bressán y Arcos, 2016). En segundo lugar, el mecanismo de subcontratación dificulta la identificación clara de los responsables de las condiciones de trabajo y la fijación de la remuneración. El pago por pieza, por último, implica una negociación individual entre trabajadores y talleristas, al tiempo que responsabiliza a los trabajadores por sus propios ingresos.

Las OSCs que dedican parte de sus actividades a la promoción y protección de los derechos de los trabajadores migrantes ponen en juego diferentes concepciones acerca del trabajo, la migración y sus protagonistas, diferentes estrategias y metodologías, objetivos e intereses institucionales específicos y alianzas distintas. Ello condiciona el modo en que cada una interviene sobre el problema y la relación que establece con el grueso de los migrantes trabajadores, eventuales beneficiarios de sus acciones.

Un conflicto entre organizaciones sociales en torno al trabajo de los migrantes

En 2006, después del incendio de un taller en el barrio de Caballito de la ciudad de Buenos Aires, en el que murieron dos personas adultas y cuatro niños de nacionalidad boliviana, la Asamblea Popular y Cooperativa de Trabajo 20 de diciembre (Fundación La Alameda), que existía desde 2002 como asamblea barrial, comenzó a jugar un notorio papel denunciando judicialmente a las grandes marcas contratistas de esos talleres y a los propios talleristas por explotar a sus trabajadores y no brindar las condiciones adecuadas para el desarrollo de las actividades. Las denuncias alcanzaron a más de cien empresas de vestimenta y más de seiscientos talleres, y algunas generaron allanamientos y clausuras por parte del gobierno local. La asociación ofrece asesoramiento jurídico a trabajadores y realiza actividades comunitarias. En su carácter de cooperativa de trabajo, cuenta con un taller textil autogestivo que confecciona "prendas libres de trabajo esclavo". Desde La Alameda se ha creado la Unión de Trabajadores Costureros (UTC), una agrupación gremial que promueve la formación de comisiones internas en algunas fábricas de indumentaria registradas y que rivaliza con la conducción del Sindicato Obrero de la Industria del Vestido y Afines (SOIVA), al cual ha acusado reiteradamente de claudicar y "entregarse a las patronales esclavizadoras".

Sin ser una organización de migrantes, La Alameda colocó en el centro de sus preocupaciones los derechos laborales y sociales conculcados en los talleres, donde trabajan casi exclusivamente migrantes bolivianos. Algunos de ellos han participado, entre otras actividades, de las denuncias contra las empresas de indumentaria, y aportaron pruebas judiciales tras grabar o filmar en secreto los interiores de talleres y viviendas, y un migrante que milita en la UTC ha llegado a ser delegado gremial en una fábrica. Pero los principales referentes son argentinos y lo común es que los migrantes *entren y salgan* de la asociación, se acerquen por algún problema puntual y luego se vayan, como cuenta uno de los dirigentes, decepcionado por aquellos que, tras haber narrado las penurias pasadas en algún taller, luego de "acomodar un poquito su situación, volvían a los talleres o se armaban sus propios talleres" (Santiago, UTC–LA, 2012).

Entre los apoyos internacionales que le permiten desarrollar sus actividades, cuenta con el de Avina, una fundación internacional fundada en 1994 por un empresario suizo, que fomenta "alianzas fructíferas entre líderes sociales y empresariales". Hasta 2014 el presidente de La Alameda era presentado como uno de sus Líderes-Socios[44]. Avina cuenta con nueve programas, que desarrolla total o parcialmente en los distintos países de América Latina en que tiene sede. Uno de ellos es Migraciones, pero dicho programa no tiene vigencia en Argentina. Las actuaciones de La Alameda se realizan dentro del Programa Innovación Política y, más precisamente, dentro de las Acciones antimafia[45].

44. AVINA está sustentada por VIVA Trust, un fideicomiso creado por su fundador <www.avina.net>.

45. Fundación Avina. "Acciones antimafia generan importantes resultados en Argentina". Disponible en: <http://www.avina.net/avina/ver-impactos/

En La Alameda también manifiestan haber recibido apoyo de la Organización Internacional para las Migraciones.

Algunas de sus líneas de acción la han llevado a enfrentamientos directos, no exentos de violencia, con la ya referida ACIFEBOL, la cual surgió, como indiqué, con el propósito de defender los talleres de los paisanos bolivianos de las inspecciones y clausuras. Esta organización, que sí está integrada y dirigida por migrantes bolivianos (costureros y principalmente talleristas), busca resistir los allanamientos, calificados por sus miembros como un atropello discriminatorio. Manifiestan que los controles del gobierno local no apuntan a acabar con la explotación, sino con los talleres de inmigrantes. En la ACIFEBOL declaran tener contactos con la Central de Trabajadores de la Argentina (CTA) y con la Central Obrera Boliviana (COB). Antes de migrar, su líder fue militante en las filas del dirigente aymara Felipe Quispe, dato conocido por una parte considerable de los bolivianos en Buenos Aires. Ya como representante de ACIFEBOL ha estado entre los líderes comunitarios que el presidente boliviano Evo Morales recibiera al visitar Argentina[46].

Cada organización define el problema, los intereses en juego y sus objetivos de un modo particular y actúa en consecuencia. Atienden, además, desigualdades de naturaleza diferente. La Alameda coloca en el centro de sus preocupaciones los derechos laborales conculcados en los talleres y pone énfasis en las desigualdades vitales y de recursos económicos. En sus documentos y en sus declaraciones públicas, los activistas suelen referirse a los derechos de los trabajadores y al "despertar de la conciencia de clase" de los costureros que rompen con el circuito de explotación de los talleres, aunque el énfasis en la crítica moral del "trabajo esclavo" y el "tráfico" licúa por momentos el lenguaje de clase (Montero Bressán, 2018). La ACIFEBOL, en cambio, hace una defensa de las fuentes laborales de "sus paisanos" o de "los bolivianos", pone esta defensa en una clave etno-nacional y apela

---

innovacion-politica-acciones-antimafia-generan-importantes-resultados-en-argentina/>.

46. Las referencias a Bolivia extienden las aparentes coincidencias y las declaradas discordancias. El presidente de La Alameda subestima la participación política allí del líder de la ACIFEBOL y señala que fue "echado" por Quispe de su movimiento. Al momento de entrevistarme con cada uno de los dos dirigentes, en 2012, sus respectivas oficinas exhibían una gran foto de Evo Morales a espaldas de sus escritorios.

a "la comunidad". Apunta a la discriminación, la falta de reconocimiento y respeto, y defiende la posición lograda en el mercado
textil informal contra los intentos de exclusión de parte de los
no bolivianos. Aunque sus miembros asumen que muchos talleres no están en regla y que una minoría de los paisanos se abusa
de sus empleados, no hablan de explotación y critican que bajo
esta calificación se generalice la situación de todos los talleres.

Dos centrales sindicales ante la migración laboral

En el espacio sindical en las dos primeras décadas del siglo
hubo apertura hacia el tema migratorio, en general, y respecto
de la situación de los trabajadores bolivianos en la industria de
la indumentaria, en particular. Un hecho relevante a escala regional fue la firma en 2010 de un Convenio de Cooperación entre la Central de Trabajadores de la Argentina (CTA) y la Central
Obrera Boliviana (COB)[47].

La CTA es una de las dos centrales sindicales argentinas. Fue
fundada en 1992, en un contexto en que la inmigración regional
era sindicada desde el gobierno nacional como causante de la crisis del sistema de salud, del desempleo y de otros graves perjuicios que, en rigor, derivaban de las reformas neoliberales que el
mismo gobierno llevaba adelante. En ese entonces algunos sindicatos de la otra central de trabajadores –la Confederación General
del Trabajo (CGT)– se alineaban con el gobierno, defendiendo el
trabajo para los argentinos. La CTA se presentó desde su fundación como internacionalista y como defensora de los derechos de
todos los trabajadores, fuera cual fuese su nacionalidad[48]. La COB,
por su parte, es desde su fundación en 1952 la única central de
trabajadores de Bolivia y ha sido de gran importancia en distintos momentos de la vida política del país. Hasta hace muy poco
tiempo no se había involucrado nunca en la cuestión migratoria.

---

47. Convenio de Cooperación entre la Central de Trabajadores de la Argentina
(CTA) y la Central Obrera Boliviana (COB). 22 de febrero de 2010. Disponible
en: <http://archivo.cta.org.ar/Convenio-entre-la-CTA-y-la-COB-en.html>.

48. Vale tener presente que en septiembre de 2010 hubo elecciones internas en
la CTA y ninguno de los dos sectores contendientes reconoció el triunfo del
otro. Por acusaciones de fraude, casi inmediatamente la central se dividió
en dos organismos. La división no afecta mi planteo, en la medida en que los
hechos que refiero sucedieron previamente, por ello seguiré refiriéndome a
la CTA como una única entidad.

El convenio entre la CTA y la COB estuvo precedido y prepa-
rado por algunos encuentros formales entre ambas centrales,
uno realizado en Buenos Aires, uno en Salta y uno en la zona de
la frontera internacional, como parte de una serie de encuentros
intersindicales bilaterales que la COB mantuvo con centrales de
países de la región, promovidos por el Instituto Sindical de Cooperación al Desarrollo (ISCOD) de la Unión General de Trabajadores (UGT) de España, desde su sede boliviana[49]. También lo
antecedieron algunos intercambios informales que permitieron
construir lazos de confianza interpersonal. Hubo visitas de dirigentes de la CTA a La Paz y, en 2009, la primera visita desde 1974
de dirigentes de la COB a Argentina, para asistir a una reunión en
la ciudad de La Plata con trabajadores bolivianos sindicalizados
dentro de la CTA, mayormente de la construcción. A comienzos
del año siguiente se realizó en la ciudad de Buenos Aires el encuentro en que se firmó el documento acordado por ambas partes.
El convenio procura atender las desigualdades generadas por la
explotación y por la discriminación.

Quiénes participaron de los encuentros en Argentina y cómo
se hicieron las convocatorias son interrogantes que nos conectan
con las condiciones de trabajo en los talleres textiles. En el evento
de 2010 en que se firmó el acuerdo participaron numerosos sectores de la colectividad, muchos de los cuales no habían tenido
ni tuvieron luego una relación fluida con la CTA. La convocatoria
fue amplia, abierta a todos aquellos que quisieran participar, en
gran medida debido al valor emblemático de la COB, aspecto muy
tenido en cuenta por la Secretaría de Relaciones Internacionales de la CTA en la preparación del evento. Dicho de otro modo,
se abrió la invitación a lo que desde la central argentina es visto

---

49. Una de las principales finalidades del ISCOD es extender la internacionalización
del trabajo sindical impulsando, entre otras cosas, vínculos intersindicales.
No obstante, hasta donde he podido averiguar, la UGT en España, al menos
desde Madrid, no tiene relaciones con centrales sindicales de los países de
origen de los migrantes desde el área de Igualdad, que es la que atiende el
tema Inmigración. Las relaciones se establecen desde el área de Relaciones
Internacionales, a la que justamente pertenece el ISCOD. Bolivia entra en
el horizonte de trabajo del ISCOD en tanto que país de origen de migrantes
que se dirigen, entre otros lugares, a España. El ISCOD muestra más preocupación por la gestión de los flujos migratorios y por la defensa del derecho
a no migrar, que por la inserción sindical y los derechos de los trabajadores
bolivianos que se encuentran ya en España (entrevistas del autor a Juan José,
representante de ISCOD en La Paz, Bolivia, y a Mercedes, Departamento de
Igualdad-UGT, Madrid, España, marzo y mayo de 2012).

como un "mundillo boliviano" muy conflictivo, que se guía según criterios diferentes a los propios. En la central explican que en ese *mundillo* prima una lógica organizacional particular en la que ellos no se entrometen: "si hay gente que te sigue y vos sos un explotador, bueno, yo no me voy a meter en la decisión que tome la gente [...] Nosotros lo que tratamos de no hacer es decir cómo se tiene que organizar una cultura determinada" (Guillermo, dirigente CTA, 2012). Sucede que de la reunión participaron efectivamente miembros de organizaciones como ACIFEBOL, integrada, como señalé, por trabajadores así como por talleristas que, desde dentro y desde fuera de la colectividad, han sido acusados de explotadores.

Sin embargo, a pesar de la apertura de la convocatoria al encuentro de 2010, está claro que ese *mundillo* o esa "banda", para usar otro de los términos del dirigente citado, no es el sector de la colectividad con el que trabaja la central argentina, orientada claramente a consolidar sus vínculos con trabajadores bolivianos con quienes comparte un lenguaje y un estilo organizativo que vienen dados por la trayectoria sindical. Por ello es que en el encuentro más informal realizado antes en La Plata, que contó con la visita de dirigentes de la COB, participaron exclusivamente trabajadores bolivianos sindicalizados.

Ahora bien, si se observan detenidamente algunos posicionamientos de la COB, hay elementos que indican una dirección que no converge exactamente con la de su par de Argentina. Los encuentros intersindicales de los que participó la COB a instancias del ISCOD le brindaron insumos para la elaboración de un Plan de Acción Sindical para las Migraciones Laborales (PASML). Su orientación es compatible con la de la CTA en proposiciones generales como "lograr trabajo digno y decente para nuestros compatriotas" y cumplir con los "derechos económicos, sociales y laborales"[50]. No obstante, en pasajes en que reaparece el tema de los talleres puede advertirse cierta disonancia. Refiriéndose al trabajo bilateral con la Central Única dos Trabalhadores (CUT) de Brasil, por ejemplo, y a los desafíos del movimiento sindical latinoamericano, el PASML manifiesta que los migrantes bolivianos en San Pablo "no pueden regularizar sus talleres por carencia de

---

50. Central Obrera Boliviana (COB). 2012. *Plan de Acción Sindical para las Migraciones Laborales (PASML)*. La Paz: ISCOD, p. 3.

documentación regular"[51]. En otras palabras, entre los desafíos del trabajo intersindical transnacional, la COB hace lugar a una reivindicación que es crucial para los talleristas textiles. Por otra parte, el apoyo del ISCOD se deja ver en el destaque que recibe en el documento la figura del trabajador migrante "como vector potencial del desarrollo", en la promoción del "derecho a no migrar" y del "retorno"[52].

Desigualdades diferentes: escalones, exclusiones, compensaciones

Todos los involucrados coinciden en que las grandes marcas de indumentaria son las principales beneficiarias de este sistema de producción que se nutre de la actividad de los talleres irregulares y la fomenta. Entre los propietarios y representantes de las marcas y el mundo de los talleres (talleristas y costureros, aunque no en posiciones equivalentes) hay una gran brecha en el acceso a recursos y una directa explotación de la fuerza de trabajo que llega a modalidades de desigualdad vital (Therborn, 2011), como exhibiera el incendio del taller de Caballito.

Los talleristas, dueños o encargados de talleres, sufren el aprovechamiento de las grandes marcas, que son las que definen precios muy bajos para sus productos, lo que presiona sobre las condiciones de contrato y reclutamiento de la mano de obra, sin responsabilizarse por nada de lo que pueda acontecer en la cadena de producción. Al mismo tiempo, los talleristas recurren a distintas estrategias para abaratar todo lo posible el valor del trabajo empleado. Sacan ventaja de sus contactos y sus relaciones familiares, de paisanazgo y de compadrazgo para poner a funcionar la cadena migratoria y productiva. Es muy habitual que costureros y costureras señalen que fue con mentiras y engaños que los llevaron a iniciarse en el trabajo y permanecer en él. Los talleristas, entonces, se aprovechan de la fuerza de trabajo de los costureros para capitalizar sus talleres.

El trabajo en la costura contempla cierta calificación. El manejo de diferentes tipos de máquinas, la capacidad de coser de-

---

51. Central Obrera Boliviana (COB). 2012. *Plan de Acción Sindical para las Migraciones Laborales (PASML)*. La Paz: ISCOD, p. 25.

52. Central Obrera Boliviana (COB). 2012. *Plan de Acción Sindical para las Migraciones Laborales (PASML)*. La Paz: ISCOD, pp. 15, 17 y 29.

terminadas prendas o fragmentos de prendas más difíciles y la velocidad que se consiga en ello tienen un efecto directo en la remuneración que habrá de conseguirse. Esta calificación se da casi siempre de manera informal, dentro de los talleres, mientras se cose en la cadena misma de producción o se practica con retazos en momentos de receso. Si bien las historias de aprendizaje del oficio dentro de los talleres son comunes a varones y mujeres, el recorrido de estas últimas presenta una desventaja en relación con el de aquellos. La desventaja consiste básicamente en que el recorrido comienza más abajo. Las mujeres suelen ingresar a los talleres para realizar trabajos de cuidado y manutención: limpieza, preparación de alimentos, cuidado de niños y niñas. Frecuentemente combinan estas tareas con las de ayudante, el puesto más bajo en el escalafón específico de la costura, que implica alcanzar los insumos a quienes cosen, quitar hilos a las prendas terminadas, plancharlas, doblarlas y acomodarlas. Estas dos tareas, a veces combinadas, son las que reciben peor paga. Cuando una trabajadora que se desempeña en estos puestos procura aprender a coser, encuentra obstrucciones directas e indirectas. Muchas veces sus patrones y patronas se oponen abiertamente, alegando que no deben distraer energía de sus tareas de cuidado. La carga de responsabilidades también atenta contra la posibilidad de aprender nuevas habilidades. La situación general empeora para las mujeres con hijos pequeños a cargo. Tal circunstancia puede impedir el acceso a un puesto o dificultar su realización en la medida en que los pequeños deban permanecer junto a su madre. Este peldaño ocupado por mujeres constituye, así, el más difícil de superar en el camino de la calificación.

Por otro lado, son habituales las historias de vida que tienen al taller como un lugar de paso. Además de vías de reclutamiento, las redes familiares y de compadrazgo muchas veces son vías de ascenso, en un circuito dinámico en que pocas personas ocupan el mismo puesto por largos períodos. En función de este dinamismo, Rivera Cusicanqui rechaza la idea del "trabajo esclavo". Para la autora, la subordinación en los talleres es un "derecho de piso" que el costurero joven paga a cambio de prestigio que su patrón le devolverá y que le facilitará moverse en el circuito. Reglas claras de manumisión, según la autora, establecen un escalonamiento progresivo de autonomía y simetría. Un tipo de "reciprocidad diferida" organizaría un "circuito de devolución: este fue explotado, ahora le toca explotar" (Rivera Cusicanqui, Colectivo Simbiosis Cultural y Colectivo Situaciones, 2011: 19-23).

Por último, el mundo de los talleres bolivianos ha sido construido mediática, política y judicialmente como una realidad aparte del sistema de producción argentino, en general, y del de la producción de indumentaria, en particular. Sostenidas sobre la idea de un vínculo esencial entre inmigración boliviana y explotación, las avanzadas judiciales y las campañas mediáticas contra los talleres textiles son interpretadas por algunos migrantes como persecución y discriminación que buscaría limitar la apropiación que han logrado de un nicho de mercado.

Quiénes y cómo en los objetivos y en las acciones

Los trabajadores bolivianos que llegan a Argentina con algún tipo de formación o tradición sindical encuentran canales para incorporarse a espacios como la CTA. Eventualmente, será precisa cierta adecuación entre sistemas clasificatorios o categorías de identificación, como en el caso del activista que debutara como *originario* en su ingreso a la central. Pero más allá de estos ajustes, no parece haber obstáculos para la participación de esos trabajadores en ella sino que, por el contrario, existe la disposición a ampliar filas para su incorporación, lo cual quedó plasmado cuando, a pocos años de creada, se decidió que el nombre con el que había nacido, Central de Trabajadores Argentinos, fuera cambiado por el actual Central de Trabajadores de la Argentina, más inclusivo al evitar la presuposición de nacionalidad de sus integrantes.

En cambio, para la amplia mayoría que no cuenta con esa formación o tradición sindical esos espacios no resultan atractivos, al menos en un primer momento de la migración. Estos trabajadores suelen encontrar en los campeonatos de fútbol de fin de semana, en las fiestas comunitarias o en las iglesias católica o evangélicas instancias de reconocimiento y encuentro. Y es allí también donde sus experiencias adquieren ciertos sentidos políticos. En estos ámbitos se forjan principios de justicia, merecimiento o equidad a la luz de los cuales se evalúan las condiciones de trabajo y de vida. La pertenencia nacional, regional o local suele operar tempranamente en dichos ámbitos, incluidas las iglesias. Por otra parte, aquellos que se manejan con un modelo de participación y membresía diferente, modelado en su país de origen, pueden percibir que ponen en riesgo sus logros asociativos si ingresan a un sindicato argentino, como pudo verse en los temores del dirigente de la asociación ARBOL a que una posible afiliación individual dividiera a su grupo[53].

En cuanto a la acción sindical desde el país de origen, el brazo de la COB apenas comienza a extenderse más allá de las fronteras nacionales y no llega a los trabajadores migrantes. Además de que la inclusión del tema migratorio en su agenda es reciente, los dirigentes de la central también dejan ver una suerte de extrañamiento respecto de los migrantes, puntualmente de aquellos que han dejado Bolivia sin tener relación previa con los sindicatos: "se va (emigra) gente que no tiene un aval de organización [...] simplemente decide irse y no hay ninguna relación con las organizaciones que podemos protegerle, entonces se van muy al margen" (René, dirigente de la COB, 2012).

Muchos de esos trabajadores integran la ACIFEBOL, o han participado de actividades y manifestaciones organizadas por ella. Si esta asociación apunta a la defensa de las fuentes laborales, ello significa en lo inmediato la defensa de los talleres y, para los trabajadores y trabajadoras, la defensa de los mismos empleos, con las mismas condiciones de trabajo y vivienda que en muchos casos constituyen una violación de derechos.

UTC-La Alameda, por su parte, busca atender lo que entiende como necesidades e intereses de los costureros. Ellos son los destinatarios positivos de las acciones que dirigen contra los talleristas, a quienes refieren como "mafia", apelando a la categoría utilizada por la fundación Avina y, en general, al tipo de "nociones polarizadas de víctima y violador" consagradas en los manuales de asesoramiento de los organismos internacionales (Mansur Dias, 2014: 572). En algunos pocos casos los costureros coprotagonizan estas acciones, pero esto sucede de manera circunstancial y generalmente a través de relaciones discontinuas. Santiago, el citado referente sindical de la UTC, explica que en las fábricas regulares en las que han logrado formar cuerpos de delegados les resulta difícil coordinar acciones con los colegas bolivianos porque éstos están dispuestos a "autoexplotarse", y los compara con la comunidad peruana que, aunque también "se maneja en

---

53. Ness (2005) considera que este elemento es clave de su análisis de la organización de los migrantes mexicanos en New York. Pries y Sezgin (2012) advierten su importancia para el caso de migrantes de diferentes países en el contexto europeo.

LAS MIGRACIONES COMO CAMPO DE BATALLAS 83

bloque", "es muchísimo menos sumisa y pareciera traer una tradición de defensa del derecho laboral" (Santiago, UTC-LA, 2012).
Este tipo de comparaciones es recurrente. A propósito de las
dificultades que presenta la relación con el *mundillo* boliviano,
en la CTA plantean una análoga: a diferencia de los bolivianos,
en este caso *el uruguayo* es presentado como "un tipo que se
sabe defender si hay explotación" (Guillermo, CTA, 2012). Sea en
comparación con peruanos o lo sea con uruguayos, esta presunta
tendencia a la autoexplotación que caracterizaría a los trabajadores bolivianos se vuelve un factor importante en la interpretación que los activistas no bolivianos hacen de las dificultades
para organizarse conjuntamente[54].

Pero los mismos actores alcanzan a ver otros aspectos que
vuelven más complejo el problema. Tanto en la UTC como en la
CTA consideran que entre el costurero explotado o "autoexplo-
tado" y la *mafia* (UTC) o la *banda* (CTA) que conduce los talleres
hay una continuidad sobre la que se vuelve difícil establecer cortes claros. Santiago, de la UTC, sabe que muchos talleristas son
costureros que han montado su propio emprendimiento. Y los
talleristas –señala– encuentran en la mayoría de los costureros
"el afán de ser tallerista", que explicaría lo que él califica como
"tendencia a la autoexplotación". Guillermo, de la CTA, sintetiza
en una intelección antropológica otra dificultad para exhortar a
los trabajadores bolivianos a militar en el sindicato: "no todos
medimos con el mismo umbral [...] En la primera semana tiene
que mandar algo a los que dejó [en su lugar de procedencia], y
vos no le vas a ir a plantear «no, porque el derecho»..." (Guillermo,
CTA, 2012). En otras palabras, más allá de su propia postura al
respecto, para este militante ni siquiera el derecho queda fuera de
discusión en un contexto de necesidades y umbrales diferentes.

En resumen, el conjunto de trabajadores y trabajadoras
migrantes no participa activamente de las organizaciones que
luchan contra la violación de sus derechos laborales, lo cual dificulta el logro de algunos objetivos de las organizaciones. Además
de la ausencia de tradición sindical o de la presencia de diferentes
tradiciones organizativas, intervienen urgencias materiales, re-

---

54. Para distintos contextos de migración laboral se ha señalado que elementos es-
tructurales, como las presiones del mercado laboral o la diferencia cambiaria
que hace rendir más en origen el dinero ganado en destino, generan perspectivas diferentes sobre los estándares laborales y la eventual disposición de
los trabajadores migrantes a aceptar salarios fijados por debajo de la pauta
general (Gordon, 2009).

forzadas por las expectativas de posibles receptores de remesas en el lugar de origen, así como el hecho de que los y las migrantes pueden medir sus éxitos mirando hacia allí o, con mayor precisión y en los términos de Pries, "se posicionan a sí mismos *simultáneamente* en el sistema de desigualdad social de su comunidad de origen *y* en la estructura social de su comunidad de llegada", dando lugar a "un sistema autónomo de diferenciación social, que suele ser sumamente contradictorio" (Pries, 1997: 37, énfasis en el original).

El proceso migratorio implica no solo desplazamientos. Los desencuentros entre trabajadores migrantes y organizaciones de derechos ponen en escena la superposición de temporalidades, espacios y marcos interpretativos, como también de umbrales, para decirlo con las palabras del dirigente de la CTA, respecto de los cuales medir intereses, jerarquías y desigualdades. Aun cuando puedan ser percibidas, esas superposiciones resultan para las organizaciones locales muy difíciles de incorporar a su dinámica política.

Identidades discordantes: clase social y etno-nacionalidad

La larga historia inmigratoria argentina ha dado muchos ejemplos de "intersecciones y tensiones entre la identidad étnica y la identidad de clase u ocupacional" desde la migración transatlántica de finales del siglo XIX y comienzos del XX (Devoto, 2003: 312). Estos casos históricos, así como otros contemporáneos en otras latitudes, exhiben una diversidad de variables en juego.

Respecto de las redes y relaciones organizacionales, Dumont (2008) ha señalado para la migración marroquí de las últimas décadas en París, por ejemplo, que las organizaciones de migrantes difieren entre promocionar una identidad de clase o una nacional según estén mejor aceitados sus vínculos con organizaciones sindicales o de derechos locales, o bien con dependencias estatales del país de origen. La distinción que ve Dumont entre contactos en el lugar de residencia o en el de origen no tiene relevancia en el caso de los talleres textiles bolivianos en Buenos Aires, pues aquí unas y otras organizaciones extienden sus redes a un lado y otro de las fronteras nacionales. En cambio, los vínculos de La Alameda con fundaciones como Avina o con la OIM sí muestran su relevancia en el diseño de un temario global (Pries *et al.*, 2012) que emparenta la cuestión migratoria a la justicia criminal (Mansur Dias, 2014).

En cuanto a la composición etno-nacional y de clase de las agrupaciones, en un estudio de asociaciones de koreanos en Los Angeles, Chung distinguió las más étnicas y despolitizadas, formadas por los migrantes de mejor posición socioeconómica, de las más universalistas y progresistas, formadas por un porcentaje importante de trabajadores (Chung, 2005). Entre los migrantes del Magreb, Baillet (2001) registra la situación casi inversa: las asociaciones universalistas y herederas de las tradiciones de integración francesa son las de los migrantes –y sus descendientes– más acomodados y las asociaciones étnicas son las de los de origen popular. En un estudio de caso sobre trabajadores mexicanos de verdulerías en la ciudad de Nueva York, cuyos propietarios eran casi en su totalidad coreanos o coreano-americanos, Ness (2005) entendió que el aislamiento de los trabajadores, en un contexto de división étnica del trabajo y de inexistencia de lazos con organizaciones ya establecidas, llevaba a reforzar los lazos entre trabajadores migrantes de una procedencia común y eso, a su vez, a facilitar la organización y la proyección de sus reivindicaciones.

Para los trabajadores de los talleres de indumentaria en Buenos Aires y el Gran Buenos Aires los patrones, dueños o encargados son casi en su totalidad *paisanos bolivianos*. El refuerzo de lazos por procedencia común se da, entonces, transclasistamente. Por lo común los y las talleristas fueron costureros un par de décadas atrás, momento en que los talleristas eran coreanos o judíos. El dato tiene una doble relevancia. Por un lado, se convierte en indicador de éxito actual y promesa de éxito futuro para los bolivianos talleristas y costureros. Por otro, los talleristas señalan que este logro está bajo amenaza de fuerzas externas a la colectividad, las cuales querrían desbancar a los bolivianos del espacio conquistado. Entonces aquí la procedencia común y la virtual inexistencia de lazos con organizaciones no migrantes ya establecidas conduce a consolidar los lazos entre bolivianos, trabajadores y patrones, lo cual se ve favorecido por un panorama asociativo caracterizado por las finalidades culturales y deportivas, las adscripciones nacionales o étnicas y una composición social y de clase heterogénea.

En cualquier caso, la ACIFEBOL, cuyos directivos han logrado una situación económica de desahogo, pero sufren discriminación y falta de reconocimiento, procura y consigue con su discurso etno-nacional una interpelación más eficaz que La Alameda, con directivos e integrantes blancos y de clase media urbana que apelan a valores más universalistas. Al mismo tiempo, es también más eficaz en su convocatoria que el frustrado intento de los costureros pobres de nuclear en el MCIBOL a otros costureros bolivianos en términos de clase. El acercamiento que la CTA tuvo que intentar con la ACIFEBOL a pesar de sus recelos también da cuenta de la importante convocatoria que esta tiene.

Las relaciones entre las organizaciones son, en términos generales, negativas; unas y otras dedican a las demás principalmente críticas y, con alguna excepción no muy segura, no proyectan establecer vínculos entre sí. Desde el punto de vista de la UTC-La Alameda, como quedó claro, la ACIFEBOL es representante de los talleristas y la separan de ella objetivos y estrategias, en una oposición que ha dado lugar a conflictos y denuncias. Por otro lado, la UTC tiene una relación conflictiva con el SOIVA, el sindicato del vestido, por cuya conducción aspira a competir en el futuro, para lo cual continúa la tarea de organizar cuerpos de delegados en las fábricas, al tiempo que mantiene vínculos y proyecta trabajos conjuntos con otras áreas de la CGT, la central sindical a la que el SOIVA pertenece. Resulta asimismo significativo que, de acuerdo con uno de sus dirigentes, habrían recibido propuestas concretas de parte de la CTA para formar un sindicato paralelo al SOIVA, pero ellos rehúsan esa idea por ser partidarios, según dicen, del unicato sindical.

En la ACIFEBOL, a su vez, declaran tener vínculos con otras organizaciones, en especial agrupaciones de bolivianos en la ciudad y la provincia de Buenos Aires. Por otro lado, en una encuesta a OSCs realizada en 2010, la asociación respondió tener contactos con la CTA y con la COB, no obstante no haber realizado tareas conjuntas con ellas[55]. Adherentes y personas cercanas destacan la necesidad estratégica de que la asociación establezca relaciones más fluidas hacia afuera, que permitan una mejor comprensión de su trabajo por parte del conjunto de la sociedad.

La CTA mantiene con ACIFEBOL la relación ambivalente ya referida. Percibida como parte del *mundillo* en el que priman ló-

---

55. Instituto de Desarrollo Económico y Social (IDES). 2011. *Estudio Nacional II – El rol de las Organizaciones No Gubernamentales en la protección y promoción de los Derechos Humanos de la República Argentina. Su articulación con el Estado.* Documento Final. Buenos Aires: IDES.

gicas organizativas e intereses ajenos a la militancia sindical, esta agrupación no es parte del horizonte de alianzas estratégicas de la central. Pero al mismo tiempo, como vimos, en algunas convocatorias amplias se ha consentido la participación de esta asociación y otras de este tipo. En cuanto a las relaciones de la CTA con UTC-La Alameda, contradiciendo la idea de haberlos invitado a formar un sindicato paralelo al SOIVA, en la central subrayan con énfasis las distancias: "no sabemos dónde está la terminal [...] Yo con esas ONGs no sé si estoy trabajando para los Estados Unidos, si estoy trabajando para la CIA. Yo hablo con pueblos organizados, no hablo con ONGs" (Guillermo, CTA, 2012).

El hecho de que no haya un trabajo común entre las organizaciones podría entenderse como uno de los factores que roe las fortalezas respectivas de sus acciones, al menos las de aquellas asociaciones que apuntan a transformar las condiciones de trabajo de los y las migrantes en los talleres de indumentaria.

Conclusiones

Tras la salida de la crisis de 2001-2002 en Argentina y hasta los primeros años de la década de 2010, la recuperación económica tuvo en la industria de la indumentaria uno de los rubros más activos. Pero dicho crecimiento no acabó con la explotación laboral y la informalidad, ligadas a la tercerización y la contratación de talleres irregulares con gestión y mano de obra migrantes que se habían extendido en los años anteriores a la eclosión de la crisis, sino que, por el contrario, parece haberse asentado sobre ellas.

Las intervenciones de OSCs en torno a la desigualdad, la explotación, la discriminación y la violación de derechos en este campo desatan incomprensiones, recelos y menosprecios mutuos que, en algunos casos, han dado lugar a enfrentamientos. Luchas en torno a las luchas por los derechos de los trabajadores migrantes. Entretanto, los que tienen mayor responsabilidad y obtienen mayor lucro por la reproducción de estas condiciones salen más o menos ilesos. Los miembros de las organizaciones estudiadas coinciden en que "el enemigo principal" son las grandes marcas, pero las condiciones en que costureros y costureras trabajan y viven, que son las que posibilitan su beneficio, parecen muy difíciles de alterar[56].

---

56. Examen de los informes presentados por los Estados partes de conformidad con el artículo 74 de la Convención. Observaciones finales. Argentina. 2 de

Así, organizaciones que manifiestan enfrentarse a los mismos adversarios desarrollan contiendas cuyos caminos divergen y, en ocasiones, se contraponen. Esta divergencia es al mismo tiempo causa y consecuencia de limitaciones en el combate a desigualdades entrelazadas. Como señalara Stuart Hall, un mismo proceso de trabajo y producción puede ser expresado "por el uso de distintos «sistemas de presentación»". Cada uno de ellos "produce una definición diferente del sistema. Cada uno nos ubica de manera diferente [...] Cada uno por lo tanto nos sitúa como actores sociales o como miembros de un grupo social en una relación particular con respecto al proceso" (Hall, 1998: 11).

Las condiciones de existencia complejas y cambiantes que experimentan los trabajadores migrantes ofrecen diferentes vías por las cuales participar del proceso, comprender sus posiciones y relaciones sociales y ordenar sus prácticas en relación con otros. Pero además los migrantes, como cualquier persona, dan sentido político a su experiencia en diferentes ámbitos, privados y públicos, más y menos institucionalizados. Como muestran pasajes de este capítulo y el siguiente, y será conceptualizado detenidamente en el Capítulo 4, la existencia de diferentes niveles de formalización política de la experiencia es un componente clave en la intersección de diferencias y desigualdades.

La particularidad de la situación migratoria es que objetiva la nacionalidad (Sayad, 1998). La extranjería lleva a los sindicatos a poner atención en la nacionalidad. Como vimos, la CTA hubo de redefinir en algún momento de su historia su denominación precisamente para determinar cómo trataría la cuestión migratoria, mientras la otra central sindical –la CGT– hacía lo propio, solo que en dirección contraria. El conjunto de los ámbitos en que los migrantes pueden dar sentido político a sus vivencias están marcados por la nacionalidad porque desde el cruce fronterizo una red de instituciones les recuerda su condición de extranjeros. La familia, el aparato educativo y de salud con el que entran en contacto sus miembros, las iglesias en su funcionamiento cotidiano a escala barrial, el sistema jurídico y administrativo en general subrayan el dato de la nacionalidad. En otras palabras, la nacionalidad es objetivada (y no problematizada) por casi todos los agentes involucrados.

---

noviembre de 2011. CMW/C/ARG/CO/1. Disponible en: <https://undocs.org/es/CMW/C/ARG/CO/1>.

Las organizaciones sociales abordan desagregadamente la intersección hegemónica de clase y nacionalidad en este sector del mercado laboral. La multiplicidad de posiciones simultáneas que ocupan los trabajadores migrantes bolivianos no es ignorada por las diferentes organizaciones. Pero los énfasis puestos por cada una en sus intervenciones separan las respectivas luchas, las cuales vienen a apoyarse en la pertenencia de clase y la nacional, que en el contexto migratorio resultan construcciones cualitativamente diferentes.

El hecho configura un problema de difícil solución para los propios migrantes y ha atravesado una serie de encuentros de organizaciones de la colectividad boliviana realizados en Buenos Aires y La Plata desde 2009. En el segundo de ellos, por ejemplo, llevado a cabo en 2010 en el Consulado de Bolivia en Buenos Aires y que ha dejado las discusiones documentadas en detalle, se debatió si debían agruparse "a partir de lo cultural y [las] costumbres o de [la] condición de trabajadores y explotados" y se hicieron llamados a superar la disyuntiva con la unión de "la colectividad" y "los trabajadores"[57].

La complejidad del problema es todavía mayor porque los sistemas de presentación, con sus clasificaciones y categorías, tratan en un mismo proceso de trabajo con tipos de desigualdad y mecanismos de producción de desigualdad diferentes. La explotación de los costureros y el manejo del sistema de producción por parte de las grandes marcas conviven con el acaparamiento de un nicho laboral por parte de los talleristas, quienes a su vez sienten la amenaza de la exclusión de ese nicho que un desbaratamiento del sistema conllevaría. Hay aquí al menos tres posiciones generales en las que se distribuyen de manera desigual recursos, prestigio e incluso expectativas de vida y de salud. Dentro de estas posiciones generales, además, otros mecanismos engarzan otras desigualdades, como se advierte en las trabas que muchas mujeres encuentran para su calificación como costureras, que agrega una jerarquía interna a la explotación compartida con los costureros varones. Desniveles como estos, que emergen en el trabajo de campo y comienzan a ser tratados públicamente,

---

57. VVAA. 2010a. *Informe final del II Encuentro de organizaciones sociales de la colectividad boliviana.* Buenos Aires, octubre. Disponible en: <https://www.somossur.net/index.php/sur-america-latina/america-latina-en-movimiento/529-ii-encuentro-de-organizaciones-sociales-de-la-colectividad-boliviana>.

no son un ítem central de la agenda política de las asociaciones estudiadas en este capítulo ni de los encuentros de organizaciones de la colectividad.

La intersección de dimensiones y categorías y el entrelazamiento de mecanismos de desigualdad hacen que *realmente* un interés pueda volverse incompatible con otro, lo cual no implica que *necesariamente* deba ser así. Que un trabajador migrante boliviano se organice y luche en tanto que trabajador o en tanto que boliviano depende de muchos factores, y que ambas líneas se conjuguen en un mismo combate puede ser difícil, en la medida en que la retórica de clase, la nacionalista y la comunitaria (y otras, en otros casos) implican pertenencias, lógicas organizativas, modos de valorar las relaciones sociales, los distanciamientos, las jerarquías y las asimetrías que son diversos y a veces se solapan. Y además, en el proceso los trabajadores migrantes y el resto de los actores harán convivir sistemas de interlocución múltiples y con temporalidades, urgencias y proyecciones particulares.

En cualquier caso, las dimensiones de clase, nacionalidad y otras sobre las que se estructuran desigualdades no tienen una forma y un contenido acabados, sino dinámicos. Los discursos y acciones que buscan denunciar las desigualdades y luchar contra ellas (lo mismo que los que buscan legitimarlas) actúan sobre la situación multidimensional en su conjunto aun cuando se concentren en una de las dimensiones. El desafío para las organizaciones se redobla. La eventual convergencia de las luchas no podría ser una simple sumatoria de ejes de disputa, pues el entrelazamiento de desigualdades tampoco es una agregación sencilla. El qué y el cómo de las desigualdades son específicos. Los actores sociales les dan sentido en ámbitos diversos. Y las dimensiones y categorías en juego se reconfiguran simultánea y recíprocamente en el proceso.

Capítulo 3

La migración (de lo) indígena. Etnicidad e institucionalidades enredadas[58]

Introducción

En Argentina la migración desde Bolivia, como otros flujos regionales, ha sido estudiada en términos nacionales. Fuera de algunas excepciones ya entrado el siglo (Canelo, 2008; Caggiano, 2010), no se ha puesto en el centro la pregunta acerca de la inmigración indígena. Las investigaciones enfocadas en la inserción socioeconómica de los migrantes (Mugarza, 1985; Sassone, 1988; Benencia y Gazzotti, 1995; Sala, 2000; Benencia, 2005) tanto como las referidas a los aspectos socioculturales de la inmigración (Benencia y Karasik, 1994; Grimson, 1999; Giorgis, 2004; Domenech, 2005; Caggiano, 2005; Gavazzo, 2004, entre otras) han considerado a los involucrados como sujetos nacionales, no obstante haberse atendido la dimensión étnica –como la de género, la de clase, la generacional y otras– en tanto clivaje, factor de organización, distinción o separación. En el contexto internacional, por lo demás, no es sino hasta comienzos de este sigo que las preguntas por la migración indígena comienzan a delinear un campo (Velasco Ortiz, 2002 y 2005; Castro Neira, 2006; Camus 2007 y 2008; Besserer, 2013).

Este capítulo apunta a visibilizar la migración indígena aymara desde Bolivia a Buenos Aires y el Gran Buenos Aires. Esto supo-

---

58. Una versión anterior de este capítulo fue publicada como artículo en *Les Cahiers ALHIM* (Caggiano, 2014b).

ne dar cuenta de un fenómeno nuevo, pero la novedad no reside
en que la migración de aymaras a esta región de la Argentina se
haya iniciado recientemente. La novedad reside en el *devenir
indígena* de la migración desde Bolivia, es decir, en el proceso
de identificación y etnización de una parte significativa de estos
migrantes, el cual sí se da en los últimos años, produciendo una
mayor visibilización de la presencia indígena y aymara, arribada
tanto recientemente como en el pasado.

Por otra parte, en los últimos veinticinco años se han dado
procesos de movilización indígena en América Latina que han
producido cambios en las relaciones entre los estados y los pueblos originarios. Consecuentemente, se han formulado nuevas
preguntas, particularmente en torno a lo indígena y la política,
los estados, la nacionalidad y la ciudadanía (Briones, 1998; Dávalos, 2005; Martínez Novo, 2009; de la Cadena, 2007 y 2010),
y el caso concreto de Bolivia ha llevado a ligar algunos de esos
interrogantes con la llegada a la presidencia de Evo Morales, el primer presidente indígena del país (Canessa, 2009; Postero, 2009).

En la estela de algunos de estos estudios, este capítulo busca
interrogar el devenir indígena, es decir el proceso de identificación y etnización entre migrantes bolivianos en Buenos Aires
desde inicios de este siglo, problematizando las relaciones de
poder y las desigualdades que envuelve. Dicho devenir indígena
se vincula con un incremento de las movilizaciones políticas de
los migrantes en Argentina así como con la politización indígena
desplegada al mismo tiempo en Bolivia. Volviendo al caso de los
migrantes en la industria de la indumentaria porteña y bonaerense, mostraré la necesidad de reparar en formas de desigualdad
que entraña la re-creación de pertenencias identitarias y rasgos
étnicos compartidos. Las relaciones jerárquicas y asimétricas entre migrantes indígenas se enlazan con sistemas de desigualdad
que atraviesan a estos grupos y se entretejen con dinámicas más
amplias de producción, circulación y consumo del capitalismo
contemporáneo.

El devenir indígena: identificación y etnización

En la idea del devenir indígena como proceso de *identificación*
y *etnización*, estas dos nociones refieren a la construcción de una
pertenencia a un grupo social y abandonan cualquier primordia-
lismo o esencia como punto de partida, haciendo hincapié en el

carácter procesual de esa construcción (Hall, 2003b; Brubaker y Cooper, 2001; Laclau, 1998), así como en su carácter político, destacado tempranamente por Weber (1964). Dichos procesos son abiertos e inestables, pero históricamente situados (Okamura, 1981) y, en este sentido, condicionados. Ambas nociones asumen también el papel fundamental que el establecimiento de fronteras como resultado de transacciones y negociaciones tiene en la definición de grupos (Barth, 1976). Allí se ponen en juego recursos e intereses (Jenkins, 1997; Glazer y Moynihan, 1963), afectos y emociones (Epstein, 1978; Geertz, 1963), inextricablemente juntos. Además, las relaciones de ese grupo hacia afuera (en el caso de las migraciones, los estados, los no migrantes, otros grupos migratorios, etc.) no solo importan porque el otro interviene en la delimitación del nosotros/ellos (Aguado Vázquez y Portal Ariosa, 1991; Romero, 1987), sino porque estos procesos no se dan en torno a una única frontera, sino que implican relaciones, alianzas, clivajes y otras fronteras que atraviesan aquella, mostrando su inestabilidad y elasticidad constitutivas (Banks, 1996).

De todas formas, si utilizo las dos nociones no es para duplicar rasgos que se reiteran sino para advertir diferencias. En ocasiones, los migrantes postulan la pertenencia grupal *indígena*, remitiendo a un origen y una historia compartidos con otros pueblos originarios, lo que incluye indígenas de la actual Bolivia, de Argentina y, a veces, de otras regiones de América Latina. Se advierte en ello el impacto de la internacionalización del lenguaje indígena (Stavenhagen, 1996; Canessa, 2006) o del cosmopolitismo indígena (Goodale, 2006) y la consagración de instrumentos, declaraciones y marcos normativos de alcance global, como el Convenio 169 de la Organización Internacional del Trabajo (1991)[59], la proclamación de Naciones Unidas de la Década de los Pueblos Indígenas o la Declaración sobre los Derechos de los Pueblos Indígenas[60], por nombrar algunos de los más destacados.

En otras ocasiones, en cambio, postulan una pertenencia *aymara*, remitiendo a valores culturales y a una ascendencia común, rasgo este último que Keyes (1976) encontrara definitorio de la

---

59. Convenio 169. 5 de septiembre de 1991. Disponible en: <https://www.ilo. org/wcmsp5/groups/public/---americas/---ro-lima/documents/publication/ wcms_345065.pdf>.

60. Declaración de las Naciones Unidas sobre los Derechos de los Pueblos Indígenas. 13 de septiembre de 2007. A/RES/61/295. Disponible en: <https:// undocs.org/es/A/RES/61/295>.

etnicidad. Utilizo, entonces, *identificación* y *etnización* para referir respectivamente a cada mecanismo. Asimismo, en otras situaciones los migrantes suelen apelar a otras categorías como la de *lo andino* (Canelo, 2008). No se trata aquí de clasificar procesos de construcción de grupalidad ni de establecer correspondencias fijas entre ellos y determinadas categorías. Intento llamar la atención sobre alternativas que, como se verá, en muchos casos se sobreponen y articulan.

Politización indígena boliviana transnacional

Bolivia ha vivido entre fines del siglo XX y comienzos del XXI el florecimiento de un indigenismo diferente a los que habían existido hasta entonces, que tuvo en la elección de Evo Morales como primer mandatario del país uno de sus puntos de expresión y consolidación. Entre los hitos del proceso puede mencionarse la Marcha por el territorio y la dignidad en 1991 y, cerrando esa década e iniciando la de 2000, La Guerra del Agua fue indudablemente una bisagra. Con foco en Cochabamba, la serie de protestas contra la privatización del servicio de agua potable involucró en principio a sectores criollos y mestizos, clases medias y trabajadoras, pobladores urbanos y campesinos. Tempranamente los líderes del movimiento advirtieron "la importancia de adoptar el lenguaje de la indigenidad" para interpelar a los quechua del Valle de Cochabamba y a la prensa internacional (Canessa, 2006: 248).

Otros momentos clave fueron el de las respuestas a la represión de manifestaciones sociales en La Paz a comienzos de 2003 y, por último, la Guerra del Gas hacia finales de ese año, que desembocó en la renuncia del entonces presidente Sánchez de Losada. Este último conflicto encontró un punto de condensación cuando en octubre el ejército reprimió las manifestaciones y bloqueos en Warisata, un pueblo aymara del altiplano norte de La Paz, en rechazo a distintas medidas del gobierno, particularmente la venta de gas a Estados Unidos y México a través de un puerto chileno. El asesinato de cinco manifestantes en la represión generó movilizaciones indígenas que confluyeron en La Paz desde distintos lugares de Bolivia. Los sucesos proyectaron el rol clave de los pueblos originarios en la lucha contra el gobierno. Las demandas de nacionalización de los recursos naturales, que tenían inicialmente forma y alcance locales, se convirtieron en un reclamo nacional al que se sumaron diferentes sectores sociales, indígenas y no indígenas, en zonas rurales y urbanas. Casi inmediatamente, el foco de la oposición a la venta de los hidro-carburos se instaló en la ciudad de El Alto, vecina a La Paz, y su población, que "cabalga entre dos mundos" –el rural aymara y el mestizo urbano– (Albó, Greaves y Sandoval, 1983), colaboró en la forja de un indigenismo con amplia capacidad de interpelación.

Estos hechos fueron fundamentales no solo en la caída del presidente Sánchez de Losada, sino también en la articulación de movimientos sociales, muchos de ellos con protagonismo indíge-na, sin la cual no hubiese sido posible el triunfo electoral de Evo Morales. Este levantamiento permitió ver que los movimientos se organizaban "en base a experiencias de discriminación racial y clasista" (Postero, 2009: 21). La Guerra del Gas fue un punto de inflexión en la medida en que "sus protagonistas combinaron el activismo indígena con una renovada noción plebeya de la na-ción" (Postero, 2009: 20). Extendiendo el fenómeno comenzado en los noventa, lo indígena se expandió para "abarcar mucho más de lo que tradicionalmente se conocía como asuntos indígenas" (Canessa, 2009: 40). El lenguaje de lo indígena se consagró como parte central de una ideología política que puso en su horizonte grandes aspiraciones de liberación, soberanía, derechos humanos y justicia, crítica a la globalización, el colonialismo y la discrimi-nación (Canessa, 2006 y 2009; Postero, 2009).

Correlativamente, de acuerdo con datos censales, Bolivia asis-tió durante la primera década de este siglo a un crecimiento en la autoidentificación de su población como indígena, en detrimento de la autoidentificación como blanca. Las cifras del censo nacional de 2001 indicaron que un 62% de la población adulta del país asumía esta pertenencia y poco más de un 25% de este total se declaraba parte del pueblo aymara, lo cual superaba ampliamen-te mediciones anteriores[61]. En 2006 y 2008 la Fundación UNIR Bolivia llevó a cabo dos encuestas nacionales[62] en las capitales de departamento, en El Alto y en doce ciudades intermedias y los porcentajes correspondientes fueron, para 2006, de 65,5%

---

61. Instituto Nacional de Estadísticas (INE). 2004. *Bolivia: Autoidentificación con pueblos originarios o indígenas de la población de 15 años o más de edad según sexo, área geográfica y grupo de edad, censo 2001.* Disponible en: <http://datos. ine.gob.bo/binbol/RpWebEngine.exe/Portal?BASE=CPV2001COM&lang=ESP>.

62. UNIR. 2008. *Segunda encuesta nacional. Diversidad cultural hoy, 2008. Una radiografía al país.* La Paz: Fundación UNIR Bolivia. Disponible en: <http:// unirbolivia.org/nuevo/filtros/?id=620&download=1>.

de pertenencia indígena y 30% aymara y, para 2008, de 67% indígena y 31,2% aymara.[63]

Simultáneamente, los migrantes bolivianos en Argentina experimentaron una politización en la que también ganó creciente relevancia la nueva interpelación indígena y la pertenencia étnica. Gran parte de lo acontecido en el contexto de residencia estuvo fuertemente vinculado a los eventos que se sucedían en Bolivia, aunque el proceso tuvo particularidades, ligadas a la situación migratoria y a la diversidad de interlocutores que ella supone (el estado y la sociedad de residencia, otros grupos migrantes, etc.). Los lazos transnacionales que familias, OSCs y otros actores han creado y alimentado durante décadas fueron activados para la circulación de información, la realización de actividades y la búsqueda de incidencia.

En enero de 2003 unos centenares de personas marcharon en Buenos Aires contra la represión de manifestantes en Bolivia y poco tiempo después, en octubre de ese año, de manera semejante a lo que ocurría en Bolivia, la Guerra del Gas constituyó para los bolivianos en Argentina un punto de inflexión. Se produjeron movilizaciones convocadas por actores sociales con mayor o menor grado de organización. Hubo consignas generales, desde el pedido de información clara y veraz sobre los acontecimientos hasta la exigencia de renuncia del presidente, y otras más espe-

---

63. Cabe hacer notar, sin embargo, que datos del último censo nacional, realizado en 2012, parecen indicar un llamativo cambio de tendencia, puesto que solo el 41% de los bolivianos mayores de quince años se ha identificado como indígena, en tanto el 58% dice no pertenecer a ninguno de los treinta y seis pueblos originarios reconocidos por la Constitución Política del Estado Plurinacional de Bolivia. Ver Tabra, Sybila. 2013. "Bolivia: Resultados del Censo 2012 causa polémica por reducción de población indígena", en *Servindi-Servicios en Comunicación Intercultural*. Disponible en: http://servindi.org/actualidad/91607. Ver también Instituto Nacional de Estadísticas (INE). 2012. *Resultados. Censo Nacional de Población y Vivienda 2012*. Disponible en: <http://datos.ine.gob.bo/binbol/RpWebEngine.exe/Portal?BASE=CPV2012 COM&lang=ESP>. Estos datos causaron sorpresa entre dirigentes políticos, analistas y académicos. Muchos han señalado la necesidad de sopesar la probable incidencia de los diseños de relevamiento y de los modos de formular las preguntas en las respectivas encuestas: ver Farfán, Williams. 4 de agosto de 2013. "Surge polémica por la identidad indígena hoy", *La Razón*. Disponible en: <http://www.la-razon.com/sociedad/Surge-polemica-identidad-indigena-hoy_0_1881411946.html>; y *Los Tiempos*. 6 de agosto de 2013. "Expertos piden no reducir a cifras los datos sobre la identificación indígena". Disponible en: <http://www.lostiempos.com/actualidad/nacional/20130806/expertos-piden-no-reducir-cifras-datos-identificacion-indigena>.

cíficas que reflejaban los reclamos en Bolivia contra la venta de los hidrocarburos y la represión. A mediados de mes tuvieron lugar manifestaciones de miles de personas en espacios simbólicos de Argentina, como el Obelisco y la Plaza de Mayo, así como de Bolivia en Argentina, como el Consulado y la Embajada. Estas movilizaciones fueron acompañadas por organizaciones argentinas de derechos humanos, de desocupados, asambleas barriales y partidos de izquierda.

Los acontecimientos dieron cuenta de una politicidad que hasta entonces no había tenido expresiones públicas de tal calibre. Si bien es claro que los migrantes bolivianos en Argentina exhibían un alto nivel organizativo desde tiempo atrás[64], la particularidad de esta politización estuvo dada por la magnitud de las movilizaciones y por el mencionado destaque de la presencia indígena. En la cobertura de estas y otras movilizaciones del período algunos medios argentinos se sorprendían por las "bandas de música y [la] vestimenta multicolor"[65] y los de la colectividad migrante destacaban que en las filas se podía oír hablar en quechua y aymara (*Renacer*, 2004, citado en Halpern y Beccaría; 2012). En las manifestaciones participaban numerosos grupos claramente autoidentificados como originarios, y la Wiphala podía verse a lo largo de todas las columnas al lado de las banderas bolivianas y argentinas.

Posteriormente se dieron otras manifestaciones públicas de migrantes con similares características. Por su amplia convocatoria, sobresalieron la marcha de talleristas y trabajadores textiles en abril de 2006, luego del incendio del taller en el que murieron seis personas de nacionalidad boliviana, y la marcha en apoyo a Evo Morales ante el referéndum revocatorio de agosto de 2008, que unos días más tarde tuvo como corolario una votación simbólica en Buenos Aires y alrededores que, de acuerdo con los organizadores, convocó a alrededor de treinta mil personas[66] y

---

64. Organización Internacional para las Migraciones (OIM) - Centro de Estudios Migratorios Latinoamericanos (CEMLA). 2004. *Relevamiento y diagnóstico de las Asociaciones de la comunidad boliviana en la Argentina. Informe Final.* Buenos Aires: OIM – CEMLA.

65. *Página 12.* 15 de octubre de 2003. "La revuelta boliviana, pero en Buenos Aires". Disponible en: <http://www.pagina12.com.ar/diario/elmundo/sub-notas/4-9721-2003-10-15.html>.

66. *Renacer.* 11 de agosto de 2008. "Una primavera electoral en Buenos Aires: 30.000 bolivianos participaron en voto simbólico". Disponible en: <http://argentina.indymedia.org/news/2008/08/619934.php>.

que buscaba no solo canalizar una opinión desde el exterior de cara al referéndum, sino también reclamar al Senado boliviano el tratamiento de un proyecto de ley sobre el derecho a voto para los migrantes.

También forman parte del proceso de politización indígena de migrantes en Buenos Aires las visitas realizadas por dirigentes políticos y sociales durante esa primera década del siglo. Se destacan las de Evo Morales, quien siendo diputado llegó a la capital argentina en agosto de 2002 para participar de un encuentro especial del Foro Social Mundial y mantener un encuentro con miembros de la colectividad, regresó en noviembre de 2005, de paso hacia la IV Cumbre de las Américas que se realizaba en Mar del Plata, así como en enero de 2006, a pocas semanas de haber sido electo presidente, y en reiteradas visitas oficiales desde entonces. En cada una de estas ocasiones, numerosos grupos de migrantes intentaron acercamientos, desatando muchas veces disputas entre sí. Resultan también significativas las visitas del líder aymara Felipe Quispe, el Mallku, dirigente de la Confederación Sindical Única de Trabajadores Campesinos de Bolivia (CSUTCB) y fundador del Movimiento Indígena Pachakuti, quien, invitado por agrupaciones nacionalistas y OSCs locales, estuvo en octubre de 2007 y en el mismo mes de 2008 en Buenos Aires (en el primero de esos viajes también en comunidades indígenas de distintas provincias), ofreciendo conferencias y manteniendo reuniones con migrantes y no migrantes.

Experiencias de la pertenencia indígena

La presencia aymara y andina en Buenos Aires se ha hecho más visible en los últimos años debido al proceso de etnización de una parte de los migrantes bolivianos y, posiblemente, también a un crecimiento demográfico[67]. En mi trabajo de campo he cons-

---

67. La dificultad para hacer precisiones a este respecto viene dada por el modo oficial de registrar la presencia indígena y la inmigración en Argentina. A una historia de invisibilización estatal de lo indígena en el país se suma el registro de la inmigración en términos nacionales, sin distinguir grupos o pueblos indígenas dentro de bolivianos, paraguayos, peruanos, etc. Es decir, el estado argentino no registra la migración aymara o de otro pueblo indígena en tanto tal. La lectura entrelíneas de algunos instrumentos estadísticos permite, no obstante, inferir la presencia creciente de estos migrantes, así como de un movimiento directo entre el norte andino boliviano y la zona rioplatense argentina (Caggiano, 2010). El problema es más amplio y afecta a todo el

tatado prácticas y reflexiones de los actores sobre esas prácticas que muestran lo que algunos de ellos entienden como un renacimiento aymara en Buenos Aires. En el uso del idioma aymara o en la ejecución de algunos instrumentos y ritmos de música tradicional andina encuentran indicadores de esta renovación de la pertenencia étnica. Es común el relato de inmigrantes o hijos de inmigrantes que buscan recuperar la lengua o la música de sus padres o antepasados. Por ejemplo, un joven costurero que, a su llegada a Buenos Aires a mediados de los noventa, se había sentido avergonzado por ser "tratado como un indio" por el conductor de un ómnibus urbano al no saber manejar la máquina expendedora de boletos, hoy se reivindica originario y ofrece cursos de música andina en los barrios pobres del sur de la ciudad, donde él mismo reside (Hernán, 37 años, 19 en Buenos Aires, 2010). A su turno, Huali cuenta que, llegado a Buenos Aires a comienzos de la década de 2000, decidió cambiar el nombre occidental Richard que le habían puesto sus padres, campesinos aymaras emigrados a La Paz en la segunda mitad del siglo pasado, por su actual nombre aymara (Huali, 38 años, 13 en Buenos Aires, 2010).

El papel de los jóvenes ha tenido gran peso en el proceso, como lo muestra la cita de un adulto que vive en primera persona este renacimiento:

> "Es que yo siento que reviví [...] Desde que Evo [Morales] asumió, como que uno se siente más identificado, como que ¿qué sé yo?, nací de nuevo. Yo pensé que el aymara ha muerto [...] y de repente cuando entra esto de los originarios para nosotros, como te dije, recién mis hijos cuando me preguntan de dónde era realmente, yo digo [mostrando sus venas]: «la sangre azul». Mis abuelos, yo vi cómo trabajaban para los patrones, era chico. Les digo «yo soy puro», les digo". (Jorge, 48 años, 20 en Buenos Aires, 2011)

Además del contexto político, estas palabras dan cuenta de uno de los entornos concretos de interlocución en que la etnización aymara toma forma. Los jóvenes, en el intercambio intergeneracional familiar, espolean e incitan a la revisión del pasado y las trayectorias de sus mayores. La pregunta de sus hijos ocasiona que Jorge enseñe la pureza de su sangre azul aymara y construya rápidamente un linaje que los conecta con sus bisabuelos.

---

sistema internacional. Dado que se asume la relación de los pueblos indígenas con una región determinada, se dificulta su reconocimiento no solo si han atravesado fronteras internacionales, sino a veces si se han desplazado dentro de un mismo estado nación (Canessa, 2007).

Las fiestas, especialmente las patronales, ocupan un lugar central en estos procesos, tanto en su fase de realización pública como en las redes organizativas que requieren (Giorgis, 2004). A la fiesta de la Virgen de Copacabana, que se desarrolla en el barrio Charrúa desde inicios de la década de 1970, se suman en los primeros años de la de 2000 las entradas de carnaval paceño en el Parque Indoamericano, la celebración del Año Nuevo de los Pueblos Originarios (*Inti Raymi* en quechua, *Machaj Mara* en aymara) en el Parque Avellaneda, desde junio de 2000, o la celebración del *Jach'a Anata* (Gran Fiesta o Gran Juego, en aymara), en el barrio de Liniers, desde 2009, así como una serie de ritos y festividades privadas que, como las públicas, suelen adquirir para los propios practicantes una fuerza que no habían tenido en sus lugares de origen.

Resultan asimismo ilustrativos de este proceso los avatares del periódico *Renacer*, que puede considerarse el más importante de la colectividad boliviana en Argentina a lo largo de sus años de existencia (1999 - 2014), con una tirada de alrededor de diez mil ejemplares a comienzos de 2012 (Halpern y Beccaría, 2012). Siguiendo el análisis de Halpern y Beccaría, la historia del periódico muestra un proceso de devenir indígena atado a la intensa politización de su perfil. El periódico publicó su primer número bajo el nombre *Renacer boliviano en Argentina*, para reducirse luego a *Renacer*. En el mes de octubre de 2003, cuando informaba sobre la Guerra del Gas, el medio cambió su frecuencia de mensual a quincenal. Además, agregó una Wiphala como logotipo en la portada. En ese mismo momento la palabra "colectividad" fue reemplazada en el sublema por "comunidad", pasando a ser "El periódico de la comunidad boliviana en Argentina", para más tarde ser sustituido *in toto* por "La voz de nuestra América morena en Argentina" y la imagen de un cóndor sobrevolando el obelisco porteño. De manera complementaria, a mediados de 2004 se creó la sección "Noticias del Abya Yala" (vocablo precolombino utilizado para referir a América), donde se informa sobre hechos que involucran a las comunidades originarias de todo el continente. Halpern y Beccaría sostienen que Renacer remite paulatinamente a "un imaginario indigenista", "ya no sólo habla por y para la comunidad boliviana, sino en nombre de las comunidades originarias andinas y, en menor medida, del resto de América" (Halpern y Beccaría, 2012: 195).

La familia, los intercambios intergeneracionales, las fiestas, donde diferentes redes de parentesco y de paisanazgo se enlazan en un espacio común, y los medios de comunicación dirigidos a la comunidad migrante constituyen ámbitos en los que adquieren sentidos las experiencias vividas en un contexto local y transnacional de politización indígena. Son instancias donde se procesan los acontecimientos reconocidos como enteramente políticos, como los mítines con dirigentes y las movilizaciones callejeras.

Como mostraron las palabras de Jorge al aludir a la llegada a la presidencia de Evo Morales, las formas de re-creación de la pertenencia aymara, andina o indígena se vinculan a la situación social y política vivida en Bolivia en estos años. Las noticias que llegan desde el país de origen y el intercambio fluido entre los inmigrantes y quienes han quedado allí dejan su huella en el renacimiento indígena en Buenos Aires. La identificación y etnización se apoyan en redes sociales alimentadas permanentemente y se vuelven posibles en un activo y heterogéneo circuito de contactos, visitas e intercambios transnacionales, en el que circulan no solo personas y dinero en forma de remesas, sino también destrezas, información y objetos –desde alimentos y herramientas de trabajo hasta fastuosos trajes para las fraternidades y grupos de danza que bailan en las celebraciones–.

El contexto de residencia también influye en la etnización y politización indígena de los migrantes bolivianos. La movilización de pueblos originarios en toda América Latina en los años noventa tuvo su expresión en Argentina, donde organizaciones indígenas y agencias locales e internacionales lograron una serie de reconocimientos jurídicos, cuyo hito fue la reforma constitucional de 1994. Más recientemente, el estado argentino incorporó la temática indígena en los censos nacionales de población de 2001 y 2010 y realizó una Encuesta Complementaria de Pueblos Indígenas en 2004-2005[68]. En segundo lugar, a finales de la década del noventa y tras la salida de la crisis de 2001-2002 muchos migrantes participaron de los movimientos piqueteros y de desocupados (Grimson, 2003; Rodrigo, 2018a). El contexto migratorio coloca, por último, un encuadre complejo para la autoadscripción a un pueblo o nación indígena, en la medida en que la sociedad de recepción percibe homogéneamente a los migrantes,

---

68. Instituto Nacional de Estadística y Censos (INDEC). 2004-2005. *Encuesta Complementaria de Pueblos Indígenas.* Disponible en: <https://www.indec. gov.ar/micro_sitios/webcenso/ECPI/index_ecpi.asp>.

entre quienes solo reconoce *bolivianos* (Caggiano, 2005). En este
marco, no hay un único y claro camino para la identificación indígena y la etnización, y las dinámicas sociales desarrolladas son
diversas y cambiantes. En ocasiones se apela a la pureza, pero es
común también que lo aymara se articule con lo andino, con la
identidad nacional boliviana o con otras pertenencias indígenas
dentro de una identidad originaria no nacional.

Actores diversos participan de la experiencia y la definición
de lo indígena u originario, lo andino o lo aymara. La pertenencia
que resulta de tal proceso es un paraguas amplio, que ha ido en-
sanchándose a medida que desde Bolivia lo indígena y lo aymara
fueron entrando en relaciones positivas de superposición o sola-
pamiento con lo estatal y lo nacional, al tiempo que, con menor
importancia pero no de manera irrelevante, en Argentina también lo indígena se instalaba como una categoría de interlocución
política. En este intrincado proceso, además de los migrantes se
cuentan OSCs integradas por no migrantes, organismos internacionales, miembros de otros pueblos originarios, otros pobres
y trabajadores con los que comparten sus barrios y lugares de
trabajo, organizaciones políticas locales y de Bolivia con las que
los migrantes entran en diálogo.

Definir quiénes o qué son los migrantes indígenas o aymaras
va de la mano de reconocer –y al mismo tiempo postular– unos
modos de actuar propios y unos modos extraños, unos valores
comunes y unos ajenos, y, eventualmente, intereses grupales
contrapuestos a otros intereses. Como en cualquier proceso
identitario, no se trata de un simple juego con nombres, sino de
negociaciones en que se barajan posiciones y relaciones sociales,
que incluyen jerarquías y asimetrías (Hall, 1998 y 2003a). Entre
el joven migrante obrero de la construcción, que se sorprende de
que otros bolivianos y no pocos argentinos aprecien su habilidad
para ejecutar el *sikus*, que aprendió a tocar en su comunidad aymara del altiplano, y el médico que llegó desde Sucre a hacer una
especialidad en Argentina y que creó un centro médico privado
que atiende principalmente a pacientes andinos, al que se liga
una Fundación también creada por él, que organiza visitas de
niños bolivianos a Tiwanaku, hay un amplio abanico de posiciones desde las que las personas apelan a la pertenencia indígena
o aymara. La migración indígena de Bolivia en Buenos Aires está
atravesada por desigualdades.

Prácticas indígenas en la producción capitalista

Como señalé en el capítulo anterior, los migrantes de la región andina de Bolivia, que habitan los barrios menos favorecidos en términos económicos, de infraestructura y servicios de la zona sudoeste de la ciudad de Buenos Aires, no ocupan un nicho laboral único ni exclusivo, pero un porcentaje muy importante de ellos trabaja ligado al rubro de la indumentaria. Muchos se inician como costureros en un lugar bajo del escalafón en pequeños talleres familiares de confección, generalmente informales. Los que consiguen empleo en blanco en fábricas de costura regulares suelen desarrollar actividades complementarias por cuenta propia. En los talleres trabajan tanto varones como mujeres, las que suelen agregar labores domésticas a las tareas de costura. En ocasiones, los miembros de una pareja o matrimonio que han empezado trabajando como costureros tienen la posibilidad de montar su propia empresa. Comienzan comúnmente con un taller pequeño, con dos o tres máquinas, que emplea mano de obra reclutada en círculos cercanos (familiares, paisanos, conocidos), y pueden llegar a talleres medianos.

Como vimos en el capítulo anterior, la producción de indumentaria en la ciudad de Buenos Aires está caracterizada por sus condiciones de informalidad. La instalación de talleres textiles irregulares en la ciudad no es un fenómeno nuevo, sino que se da desde por lo menos mediados de la década del ochenta, según numerosos migrantes entrevistados, pero es en 2006 que el referido incendio de uno de estos talleres permite visibilizar su dimensión contemporánea y poner en agenda pública los regímenes de doce a dieciocho horas diarias de labor, el hacinamiento y las instalaciones inseguras. Organismos internacionales como el Comité de Protección de los Derechos de Todos los Trabajadores Migratorios y de sus Familiares señala en sus Observaciones finales al Informe presentado por el estado argentino que preocupa que los trabajadores migratorios en estos talleres "suelen ser sometidos a trabajos forzosos, abusos y explotación, que incluyen remuneraciones inadecuadas, horarios de trabajo excesivos y restricciones a su libertad de circulación"[69].

---

69. Examen de los informes presentados por los Estados partes de conformidad con el artículo 74 de la Convención. Observaciones finales. Argentina. 2 de noviembre de 2011. CMW/C/ARG/CO/1. Disponible en: <https://undocs.org/es/CMW/C/ARG/CO/1>.

Vimos también que entre las grandes marcas y los trabajadores y trabajadoras se encuentran los talleristas –propietarios o encargados–, muchas veces ex costureros y cuyas condiciones de vida y trabajo –especialmente en los talleres familiares– no se alejan tanto de las de sus empleados, algunos de los cuales suelen ser parte de la familia. Por lo demás, vínculos de compadrazgo y paisanazgo generan lealtades que acercan a talleristas y costureros.

Los migrantes que están en el "mundo de los talleres", para seguir con la fórmula que muchos de ellos utilizan, además de manifestar eventualmente una identidad común, suelen compartir modos de hacer y de dar significados al hacer, prácticas y sentidos de las prácticas. Estos rasgos culturales compartidos remiten al lugar de origen al tiempo que se ajustan al nuevo contexto. Un tallerista puede explicar, por ejemplo, la noción de *ayni* (palabra aymara traducible aproximadamente como *reciprocidad*) a partir de los préstamos de máquinas de coser entre talleristas, los cuales conllevan modalidades y obligaciones específicas según el otro involucrado sea un paisano de la misma comunidad o un pariente más o menos cercano. Otros ejemplos de resolución de problemas u organización de tareas de manera conjunta actualizan formas de servicio social o de trabajo cooperativo andino. Asimismo, el establecimiento de sistemas de ahorro y financiamiento a partir del aporte periódico de los participantes, quienes se quedan por turno con lo recaudado, remite claramente al *pasanaku*, una modalidad económico-financiera basada en el compromiso interpersonal que tiene una profunda raigambre en el mundo andino. Estos valores y modos de hacer se asocian con otros como el *presterío* o el *pasantazgo*[70], fundamentales en la organización de fiestas y celebraciones.

Las desigualdades se entrelazan con las pertenencias comunes y los rasgos culturales compartidos en el mundo de los talleres. Como distintas etnografías han mostrado, las fiestas públicas son ocasiones donde se ponen de manifiesto y se confirman jerarquías sociales, puesto que no cualquiera puede ocupar cualquier rol porque algunos implican el cumplimiento de requisitos como

---

70. *Pasar preste* o ser *pasante* significa ocupar un cargo o, más precisamente, pasar a través de un cargo. Los pasantes son los encargados de patrocinar y organizar las actividades de una fiesta. Suelen guardar relaciones de compadrazgo o padrinazgo con otras parejas que cumplen diferentes actividades para su desenvolvimiento.

disponer de sumas considerables de dinero o estar en pareja. Asimismo, estos espacios pueden operar también –y consecuentemente– como circunstancias de encuentro entre aquellos que buscan empleo y aquellos que buscan trabajadores (Grimson, 1999; Giorgis, 2004; Sassone, 2007; Sassone y Hughes, 2009; Caggiano, 2012a). Y dado que una de las prácticas que mantienen vivo el circuito migratorio es la de volver a la ciudad o comunidad de origen en Bolivia en fechas especiales para participar de alguna celebración o, si el presupuesto y el prestigio lo permiten, pasar fiesta allí, dichos eventos se convierten en una ocasión de reclutamiento laboral y migratorio.

Esta modalidad implica alguna forma de exhibición de los logros alcanzados (que representan, para los posibles migrantes, los que podrían alcanzar) en la sociedad de destino. El migrante que vuelve al pueblo para pasar fiesta suele vestir ropas consideradas modernas y narrar que en Argentina es posible vivir mejor, y en la fiesta despliega y comparte el éxito que ha tenido: contrata una banda de música fuera del pueblo, trae bebidas alcohólicas en botella que acompañan o sustituyen a la chicha, etc. La reciprocidad, los proyectos de colaboración mutua y el compadrazgo se enlazan así con las redes sociales en la migración a Buenos Aires y en la obtención de trabajadores (Cortes, 2004).

Entre los talleristas que se prestan máquinas de coser, entonces, así como entre un joven y su padrino que ha facilitado su trasladado a Buenos Aires para que trabaje como costurero en su taller, pueden establecerse deudas financieras, y sin dudas se tejen además compromisos y obligaciones no monetarios, que se estructuran al lado de las relaciones de parentesco y de paisanazgo. Entre estos compromisos y lealtades es preciso distinguir, como hicieran Albó y Barnadas (1990) para el compadrazgo en los Andes, aquellos que se dan de modo horizontal, uniendo a familias de la misma condición socioeconómica –el caso del préstamo entre talleristas–, de aquellos verticales, que unen a familias de condiciones desiguales –el caso del joven costurero y su padrino tallerista–. Estas relaciones se entretejen con el mundo de los talleres y, en buena medida, lo sostienen. Claro que entre los migrantes existen enfrentamientos y posiciones encontradas en torno a la situación laboral en los talleres. Además, como indiqué, los migrantes están en diálogo con diversos grupos y organizaciones. Es decir, no son las perspectivas aymara, andina o indígena (que tampoco son unitarias ni homogéneas) las únicas que intervienen a la hora de interpretar y evaluar las situaciones laborales en los talleres y actuar respecto de ellas. Pero el hecho de que en los últimos años no haya habido cambios significativos en la organización del trabajo en los talleres no es producto solamente de modos de dominación directa de los talleristas sobre sus trabajadores, como pretenden las coberturas mediáticas que subrayan que los costureros pasan sus días encerrados y sugieren que no saben cómo actuar en este contexto adverso. Antes bien, lo que ese hecho plantea es la necesidad de entender el papel que estas densas relaciones interpersonales juegan en el mantenimiento del sistema.

Entrecruzamiento de institucionalidades

La comprensión de estas relaciones, compromisos y lealtades requiere eludir caricaturas de la indigenidad, que pueden resultar tentadoras a algunas autoridades a la hora de tomar decisiones institucionales. Por ejemplo, una de las denuncias judiciales motivadas por las condiciones de vida y de trabajo en los talleres dio lugar a un fallo[71] que se apoyó en argumentos pretendidamente culturales para justificar prácticas abusivas y de explotación contrarias a la legislación argentina vigente y a las normas consuetudinarias andinas. A mediados de 2008, un juez federal dictó el sobreseimiento de los responsables de una firma que producía indumentaria para una importante marca comercial, aduciendo que en los talleres con los que esta firma trabajaba se registraban "costumbres y pautas culturales de los pueblos originarios del altiplano boliviano" y que quienes allí producían y vivían eran "un grupo humano que conviv[ía] como un ayllu o comunidad familiar extensa [...] que funciona[ba] como una especie de cooperativa de ayuda mutua donde se compart[ía]n los gastos y se repart[ía]n las ganancias" (Fallo causa 4654/2007: 7). El argumento, que había sido utilizado tiempo antes por una Sala de la Cámara Federal porteña, no configura siquiera una codificación de los flujos del capital-dinero y del trabajo que les crea canales (Deleuze y Guattari, 1974). Aparenta hacerlo, pero en verdad sencillamente consagra un estado de cosas que com-

---

71. Fallo judicial de la causa "SÁNCHEZ ANTERINO, Nelson Alejandro y otros s/inf. Art. 17, Ley 25.871 y art. 35 Ley 12.713" núm. 4654/2007, 8 de abril de 2008. Disponible en: <http://www.diariojudicial.com/contenidos/2008/06/24/noticia_0002.html>. Último acceso: 31/10/2013.

bina la fuerza comercial y la fuerza de ciertas pautas culturales (y, a veces, también la fuerza a secas).

La decisión del juez suscitó la reacción negativa de los denunciantes y del Consulado de Bolivia, así como de antropólogos y otros estudiosos de la migración boliviana, quienes señalaron equivocaciones y sesgos en la argumentación del juez y en sus apreciaciones acerca de la cultura andina. El fallo fue apelado por el fiscal y por el abogado de la querella, acompañado por el Colegio de Graduados en Antropología de la República Argentina, el cónsul boliviano y representantes de organizaciones sociales. La apelación apuntó a esclarecer los errores de apreciación sobre el *ayllu* como forma de organización sociopolítica y a dejar clara su profunda disimilitud con el sistema de explotación laboral en la industria de la indumentaria. El eje del argumento del Colegio de Graduados en Antropología fue que "los sistemas andinos de cooperación consisten en intercambios entre iguales" y que el caso en cuestión "deb[ía] ser considerado en relación con las relaciones laborales contemporáneas y no en relación con las costumbres ancestrales de los trabajadores"[72].

El caso da cuenta de dificultades para comprender las desigualdades en el contexto migratorio indígena. Están los errores que la crítica señala en el fallo judicial, y están los equívocos que esa misma crítica presenta, ya que más allá del mérito de la oportuna intervención, algunos de sus conceptos podrían generar confusión. La idea de las *costumbres ancestrales*, por ejemplo, podría hacer pensar que determinadas prácticas y sentidos aymaras o andinos corresponden a un tiempo o a un espacio remoto, y la idea del *intercambio entre iguales* podría llevar a descuidar las asimetrías que, como vimos, estas relaciones e interacciones conllevan también en el contexto rural del altiplano (Albó y Barnadas, 1990).

"[L]as personas participan de universos de discurso múltiples, más o menos discrepantes; construyen mundos diferentes, parciales y simultáneos en los cuales se mueven" (Barth, 2000: 123). La re-creación de lo indígena y lo aymara en el mundo de los talleres textiles en Buenos Aires implica una transposición y

---

72. *Página 12*. 15 de mayo de 2008. "Explotación, esa «costumbre ancestral»". Disponible en: <http://www.pagina12.com.ar/diario/sociedad/3-104190-2008-05-15.html>.*Página 12*. 27 de junio de 2008. "La explotación no es herencia cultural". Disponible en <http://www.pagina12.com.ar/diario/sociedad/3-106763-2008-06-27.html>.

un entrecruzamiento o enredo de institucionalidades y lógicas culturales, sociales, económicas y políticas. Relaciones sociales y formas culturales aymaras o andinas se entraman en un mercado global de producción y comercialización de indumentaria, en un marco regulado relativamente por las instituciones del estado nación. De esta manera, trabajadores que son reclutados según una clave acaban desempeñándose en condiciones laborales que se estructuran según otra. Los principios que rigen ciertas actividades en un contexto sociocultural legitiman otras actividades en otro contexto y, así, la superposición y confusión de lógicas e institucionalidades puede ser aprovechada por quienes cuentan con mayor poder económico y capacidad de decisión.

Conclusiones

Una porción significativa de migrantes procedentes de Bolivia en Buenos Aires han llevado adelante desde inicios de este siglo procesos de identificación y etnización que resumí en la idea del *devenir indígena* de la migración, que ha producido una mayor visibilización de la presencia indígena y aymara en la capital argentina. Este fenómeno acompañó un incremento de las movilizaciones políticas de los migrantes en Argentina, en un intenso diálogo con la politización indígena acontecida en Bolivia y el indigenismo que maduró desde la década de 1990. El contexto local de avance relativo de discursos y prácticas originarios posibilitó, asimismo, otros intercambios y retroalimentaciones.

El devenir indígena se enlaza con experiencias de la pertenencia identitaria que tienen un desarrollo de largo aliento en Buenos Aires, más allá de su relativa invisibilización histórica, y que se han intensificado y expuesto crecientemente durante el mencionado período. El devenir indígena se ve sostenido por estas experiencias cotidianas, a las cuales, a su vez, robustece y consolida. La familia, las redes de parentesco y paisanazgo, las fiestas comunitarias y otros ámbitos de politización de la experiencia que, como muestran los capítulos 2 y 4, pueden dar lugar a disonancias, abrieron un horizonte común de identificación y etnización.

Con todo, los migrantes involucrados en la movilización política y en la experiencia cotidiana de la pertenencia indígena presentan desigualdades entre sí. El acceso a recursos, a prestigio y a posiciones de decisión no solo distingue a migrantes de no migrantes sino también a los propios migrantes. El caso de los talleres de indumentaria deja ver que puede muy bien compartirse la pertenencia indígena o aymara más allá de los desiguales lugares en la organización de la producción. Incluso dicha pertenencia común puede colaborar en el mantenimiento de estas asimetrías. Las desigualdades que la re-creación de trazos étnicos y pertenencias compartidas entraña pueden, además, potenciarse, en la medida en que las posiciones diferenciales de los inmigrantes indígenas se entrelazan con los mecanismos de generación de desigualdades de un mercado textil globalizado.

El caso invita a pensar "si la accesibilidad amplia de los símbolos del indianismo [puede] opera[r] para incluir a los sectores relativamente poderosos y excluir a los que siguen siendo marginados" (Canessa, 2009: 47). Al estudiar en cuatro sitios de la Bolivia contemporánea las celebraciones solsticiales –denominadas recientemente Año Nuevo Aymara o Quechua–, Canessa apunta provocativamente que "una celebración aymara puede contribuir a marginar a los aymaras" (Canessa, 2009: 46) y advierte sobre los peligros que podría tener el nuevo indigenismo. Para esta inquietud general solo puede haber respuestas concretas y situadas. Pero creo fundamental mantener viva la pregunta y trasladarla al contexto migratorio argentino. La conversión en emblema de lo indígena, históricamente estigmatizado en este contexto, conlleva grandes potencialidades, pero ello no debe conducir a subestimar la producción y reproducción de desigualdades entre los migrantes indígenas.

El estudio del devenir indígena en la migración contemporánea desde Bolivia a Buenos Aires requiere de la problematización de las relaciones de poder y las desigualdades que envuelve. En el contexto migratorio, como en Bolivia, la movilización comunitaria ligada a formas de identificación y etnización ha generado la visibilidad de grupos y sectores históricamente excluidos y ha abierto senderos para canalizar reclamos por derechos y recursos. Pero, al mismo tiempo, el devenir indígena puede dar lugar al afianzamiento de ciertos privilegios.

La superposición y el entrecruzamiento de institucionalidades en la migración generan situaciones en las que no está claro cuál institucionalidad rige, o en las que se echa mano de una para ponerla a funcionar dentro de otra, como se vio en el fallo judicial que recurrió a argumentos pretendidamente indígenas. En cualquier caso, el devenir indígena en la migración, como todo proceso de construcción de pertenencias, es político, en el sentido de que está abierto a la intervención de agentes que, coincidiendo en relación con un clivaje, divergen o se oponen en torno a otros.

Capítulo 4

El lugar del género en las organizaciones. Mujeres y politización de la experiencia[73]

Introducción

Aunque las relaciones de género han sido siempre un componente fundamental de los movimientos poblacionales, comenzaron a recibir creciente atención a finales del siglo XX, en parte debido a la magnitud de fenómenos novedosos que suelen interpretarse como feminización de las migraciones. El papel de las mujeres en las organizaciones sociales de migrantes también ha generado progresivo interés en las últimas décadas. Por un lado, como resultado de aquella atención general a las relaciones de género y al papel de las mujeres en los procesos de movilidad. Por otro, porque simultáneamente las organizaciones de migrantes han ido incorporando problemáticas de género a sus agendas.

En este capítulo exploro esa incorporación de cuestiones de género por parte de asociaciones de mujeres migrantes en Argentina en lo que va de este siglo. Al hacerlo, un viejo tema feminista, el de la relación entre lo personal y lo político, muestra todavía su potencia heurística. Mi pregunta concreta es acerca de los modos en que el género se articula políticamente con las vivencias de las mujeres migrantes[74]. Interrogo así la relación entre la experiencia

---

73. Una versión anterior de este capítulo fue publicada en la *Revue Européenne des Migrations Internationales* (Caggiano, 2019).

74. Vale aclarar que no llego a las agrupaciones de mujeres por la intención de interrogar las relaciones de género. Esto hubiese implicado repetir el viejo

de género y su definición en una agenda colectiva o institucional,
lo cual suele aparecer como un dato sin problematizar en los estudios migratorios que abordan cuestiones de género[75]. El objetivo
principal del capítulo es mostrar la existencia de distintos niveles
de formalización política de la experiencia y la complejidad que
entraña su articulación.

Antes de describir las tres organizaciones estudiadas, el apartado siguiente revisa brevemente el debate en torno al concepto
de experiencia con el propósito de mostrar los retos que aún plantea. Quiero evitar el atolladero de la relación entre experiencia
y lenguaje. Esta arista del debate, como mostraré, está saldada.
La arista que sí merece más atención y que suele subsumirse
erróneamente en aquella es la de las conexiones entre las vivencias personales de las desigualdades y su puesta en agenda
organizacional e institucional. El tercer apartado presenta las tres
asociaciones de mujeres, su historia y su actualidad, sus objetivos
y acciones, sus encuadres institucionales y sus alianzas con otros
agentes a distinta escala (organismos internacionales, ONGs y dependencias estatales). Los dos apartados subsiguientes tratan la
imbricación de lo personal y lo político en una doble dirección: el
activismo impacta en las experiencias de género y las experiencias de género impactan en el activismo. La sección posterior llama la atención sobre el hecho de que los aspectos de la vida que
pueden ser politizados son múltiples y están inextricablemente
entrelazados. La politización de la experiencia en distintos niveles (en el hogar, las organizaciones políticas, las movilizaciones
callejeras, las instituciones estatales o supraestatales) puede
ser, entonces, una puerta de entrada analítica para comprender
cómo conviven, se ensamblan y jerarquizan posiciones como las
de mujer migrante, boliviana, trabajadora pobre, madre y otras.

---

error de equiparar género y mujeres. La inquietud por la incorporación del
género en agrupaciones de mujeres responde a que son estas las agrupaciones
que problematizan las relaciones de género. Como en los restantes capítulos,
el desafío es hacer preguntas complejas para dar cuenta de entrelazamientos
de dimensiones de desigualdad. Pero el punto de partida lo ofrece el campo,
es decir, las propias personas y organizaciones con las que fui realizando
cada etapa de la investigación.

75. Para un panorama de la investigación de los procesos migratorios con perspectiva de género y sus principales focos, ver Hondagneu-Sotelo (2011) y
Herrera (2012 y 2013).

El sentido político de la experiencia

No hay experiencia sin sentido. El sentido es social. Y no hay sentido de nuestra vida social que no esté enlazado a nuestras experiencias. Allí reside tanto la fuerza como la debilidad de las diferentes perspectivas que pugnan por dar sentido público político a un fenómeno cualquiera. Las formas en que las experiencias condensan sentidos o en que los sentidos se producen moldeando experiencias –un único y mismo proceso– son múltiples. Son heterogéneos los materiales y los mecanismos de significación que se utilizan. Pero además la configuración de experiencias y sentidos tiene lugar en distintos niveles, los cuales pueden operar simultáneamente y de manera entrelazada.

Estos distintos niveles en que se conforman las experiencias y sus sentidos van de la interacción cotidiana a las normativas y sistemas administrativos, de la esfera íntima a instancias públicas, de la familia al Estado. Además de apegos y modos de hacer nacionales, de clase o étnicos, cada persona aprenderá y desaprenderá o cuestionará posiciones de género en estos diversos ámbitos: participando de la preparación de los alimentos y de su reparto y consumo en el hogar, interviniendo en reclamos colectivos por derechos, pasando por múltiples ámbitos de socialización e institucionalización, que incluyen *saber* hablar, mirar, vestirse, moverse y recorrer el espacio, reconocer lo que puede desearse o no, a lo que puede aspirarse o no, etc.

Las largas discusiones teóricas en torno a la experiencia han iluminado aspectos sustantivos del problema, pero han dejado algunos en tinieblas. Un desliz con graves consecuencias es el que reduce la diferencia entre niveles de conformación de sentidos de la experiencia a la diferencia entre lenguaje / no lenguaje. Por ejemplo, bell hooks asume de cierta manera la existencia de distintos niveles al observar que "la gente que está de verdad oprimida lo sabe incluso si no se compromete con una resistencia organizada o es incapaz de articular de forma escrita la naturaleza de su opresión" (hooks, 2004: 44). Pero separar la verdad de la opresión de su escritura resulta equívoco. De igual modo, la idea de Martin Jay de la experiencia como "punto nodal en la intersección entre el lenguaje público y la subjetividad privada" (Jay, 2002: 11) atisba el desfase de niveles, pero reifica la división público / privado y conduce a un equívoco similar al de hooks: pensar que el lenguaje solo está en el espacio público (siendo obvio que la interioridad occidental –sea la moderna o la posmoderna, la confesada, la psicoanalizada o cualquier otra– no puede siquiera concebirse sin lenguaje) y que en ese espacio público hay solo lenguaje (sin reparar en las imágenes, los cuerpos o el uso del espacio).

El propio Jay advierte en otro trabajo que tanto en la invocación conservadora de la experiencia en cuanto principio legitimante como en la búsqueda marxista crítica de una política de la experiencia pervivió el supuesto ilusorio de una experiencia inmediata, es decir, no mediada (Jay, 2009). Dentro del debate feminista, la revisión del problema por parte de Scott en *Experience...* constituyó un hito, aunque su resolución levantó nuevas polémicas. Uno de sus argumentos principales es que el uso de la experiencia como evidencia incontestable obstaculiza la historia crítica de la diferencia. Como respuesta, la autora rechazó la separación "entre la «experiencia» y el lenguaje" (Scott, 2001: 65), pero su afirmación de que "la experiencia es un evento lingüístico" (Scott, 2001: 66) dio asidero a encendidas reacciones que criticaron su reduccionismo.

Entre estas reacciones, la de Linda Alcoff constituye un aporte insoslayable al tener en cuenta otros materiales en la conformación del sentido de la experiencia. La autora se concentra en "el papel que desempeña la experiencia corporal en el desarrollo del conocimiento" (Alcoff, 1999: 122). En esta dirección señala que "la experiencia a veces excede al lenguaje" y es, en este sentido, "inarticulada" (Alcoff, 1999: 126). En la recuperación que la autora hace de Merleau-Ponty, esto quiere decir que "el significado y el conocimiento no están encerrados dentro del lenguaje, sino que emergen en la intersección entre el gesto, la experiencia corporal y la práctica lingüística" (Alcoff, 1999: 131). La propuesta de Alcoff es entender "a la experiencia y el discurso como imperfectamente alineados, con zonas de dislocación". En una dirección convergente, Stone-Mediator (1999) apunta, siguiendo a Mohanty, los desajustes o tensiones entre experiencia y lenguaje. Ahora bien, tanto la alineación imperfecta de Alcoff como los desajustes o tensiones de Stone-Mediatore presentan un problema: que la única alternativa a la reducción de la experiencia al lenguaje parece ser nuevamente la separación de ambos.

Hace falta un pequeño paso más para despejar las tinieblas. Para considerar la experiencia en su densidad no es necesario disociarla de un material significante –el lenguaje verbal–, sino contemplar la participación de otros materiales y otras lógicas en la producción de los sentidos de la experiencia (Elizalde, 2008). La experiencia en general, y la de género en particular, se conforma con múltiples materias y modos de producción de sentido. Participa el lenguaje verbal, oral y escrito, desde luego, y, como observara Alcoff, participa el cuerpo. Interviene la forma en que aprendemos socialmente a mover nuestros cuerpos en el espacio y en relación con otros cuerpos (Guillaumin, 1992), humanos y no humanos (Navaro-Yashin, 2009), a mirar, ver y ser vistos/as (Mira, 2003), muchas veces a través de aparatos de visión (Haraway, 1989) y a interpretar los repertorios de imágenes que nos rodean (Smith 1999; Poole, 2000; Caggiano, 2012b). En la composición de la experiencia concurren estos distintos materiales y lógicas simultáneamente. La diferencia fundamental no es entre un nivel inmediato de la experiencia y su puesta en lenguaje, porque no hay grado cero de la experiencia y porque ella siempre toma forma en un compuesto de palabras, imágenes y sensaciones corporales.

Este debate puede considerarse saldado. Si lo repongo brevemente es para *no* confundirlo con el problema que sí merece mayor atención: el ya referido de los niveles sociales en que se conforman experiencias y sentidos. Cuando sentimos que una forma de manifestar la experiencia (una declaración, una imagen, un gesto) no es adecuada es porque no se corresponde con (está "imperfectamente alineada a" o "desajustada de") otras formas posibles de manifestarla, no con un fondo prístino, inmediato, esencial o inefable.

En los distintos niveles en que se componen las experiencias y sus sentidos participan actores diferentes con intereses específicos. Una pregunta de Scott –"qué es lo que cuenta como experiencia y quién lo determina" (Scott, 2001: 63)– permanece desafiante, pero no para discutir si lenguaje o no lenguaje, sino para interrogarse por los actores concretos y sus diferenciales de poder, por los grados de institucionalización de las demandas, por las escalas de la acción y las capacidades desiguales para moverse a través de ellas, por cómo estas asimetrías habilitan unas experiencias y no otras, estabilizan unas historias y no otras, definen necesidades y condicionan "formas de compromiso, participación y construcción de reclamos" (Yuval-Davis *et al.*, 2005: 530), siempre en un juego abierto, con grietas donde se cuecen otras historias que podrán habilitar otras experiencias…

Mujeres migrantes, organizaciones sociales y género

Las relaciones de género son parte constitutiva de los procesos migratorios (Sassen, 2003) y ocupan un lugar central en la
conformación de identidades, prácticas e instituciones que influyen en ellos (Donato *et al.*, 2006). Varones y mujeres son afectados de manera específica por las condiciones socioeconómicas
y políticas en los países de origen y esto redunda en la generiza-
ción de los patrones migratorios. Las normas, las políticas y las
interacciones cotidianas que atañen a la migración y a la inserción en las sociedades de residencia están también atravesadas
por el género y afectan de modo diferencial a varones y mujeres
(Piper, 2006). En el marco general de la reflexividad que la migración provoca en aspectos de la vida hasta entonces tomados
como dados (Schnapper, 1988), "cuando los hombres y mujeres
migran internacionalmente son confrontados con ideologías,
instituciones y prácticas de género alternativas" (Pessar, 2005:
6; Caggiano, 2008).

Sin embargo, la incorporación programática de cuestiones de
género por parte de las organizaciones de migrantes es reciente.
Como señalé en el Capítulo 2, en los primeros años de este siglo
entre las asociaciones de migrantes bolivianos en Argentina pre-
dominaban las de tipo cultural y las religiosas, seguidas por las
deportivas y las sociales[76]. Los relevamientos existentes no registran agrupaciones dedicadas a problemáticas de género. En cuanto a los datos de composición de las asociaciones, es significativo
que en más de la mitad de ellas prevalezcan numéricamente los
varones y en apenas el 17,4% lo hagan las mujeres. El predominio
cuantitativo es más marcado en la integración de las respectivas
comisiones directivas y todavía más en la ocupación del cargo
de presidente, ejercido en un 77,4% por varones. Esto coincide
con estudios de organizaciones de migrantes en otros países que,
más allá de observar una progresiva visibilidad de las mujeres
en ese período (Kuah-Pearce y Hu-Dehart, 2006), destacan sus
desventajas en relación con los hombres en la disponibilidad de

---

76. Organización Internacional para las Migraciones (OIM) - Centro de Estudios
    Migratorios Latinoamericanos (CEMLA). 2004. *Relevamiento y diagnóstico de
    las Asociaciones de la comunidad boliviana en la Argentina. Informe Final*. Bue-
    nos Aires: OIM – CEMLA. Instituto Nacional de Estadística y Censos (INDEC).
    2003. *Encuesta Complementaria de Migraciones Internacionales*. Disponible en:
    <https://www.indec.gov.ar/micro_sitios/webcenso/ECMI/index_ecmi.asp>.

tiempo para participar de las asociaciones y su subrepresenta-
ción en espacios de poder y toma de decisión (Goldring, 2001;
Low, 2006; Chung, 2005).

Pero es justamente en esos años cuando empieza a hacerse
evidente que algunas demandas en clave de género maduraban
ya entre las migrantes en Argentina (Magliano, 2009 y 2013),
aunque no hubieran cuajado aún en formas asociativas. Esto lo
ilustra el intenso enfrentamiento analizado en el Capítulo 2 en
torno a los talleres de indumentaria entre una organización que
reclamaba por derechos laborales y sociales y otra que defendía
a la comunidad frente a lo que era visto como ataques discriminatorios a sus fuentes laborales. Configurado en estos términos,
dicho enfrentamiento impedía que emergieran otros problemas
cruciales en la vida de las migrantes.

Los dirigentes de dichas organizaciones eran varones, pero las
mujeres tenían en ellas una importante participación (algunas,
por ejemplo, habían llevado adelante denuncias contra talleristas a pesar de la desaprobación de sus esposos –costureros ellos
mismos–). Al hablar con estas mujeres, los problemas principales derivados de su situación migratoria y laboral no coincidían
exactamente con los de las organizaciones. La situación de los
hijos solía ser una de sus mayores preocupaciones, así como los
descuidos obligados en la atención de niños y niñas y los arreglos
en la crianza impuestos por el régimen de trabajo, los acuerdos
con otras mujeres en Argentina o en Bolivia para realizar estas
tareas y la sobrecarga de trabajo que todo ello implica. A veces
despuntaba el tema de los obstáculos puestos a la calificación
laboral de las mujeres en la línea de costura. En términos socio-
lógicos: la reunificación familiar, el funcionamiento de las cade-
nas de cuidado y la distribución desigual del trabajo doméstico, e
incluso la brecha salarial estaban recurrentemente presentes en
los relatos de vida de estas mujeres, pero no cristalizaban en las
actividades de las organizaciones. Estas formas de desasosiego
y sufrimiento que la distancia y el contexto migratorio imponen,
que también son políticos o podrían llegar a serlo, no eran parte
de sus agendas y de los derechos a definir o a conquistar. En otras
palabras, las gramáticas cultural, deportiva o étnico-nacional con
que las organizaciones tradicionales daban forma a los conflictos no hacían lugar a la politización de las relaciones de género.

En este contexto, en la primera década de 2000, de manera
semejante a lo que sucedía en países como España (Pérez, 2004)

o Francia (GRDR, 2016), comenzaron a formarse asociaciones de mujeres que se reunían para atender lo que definían como problemáticas particulares de las mujeres en la migración. Fueron creadas agrupaciones con perspectiva de género y algunas asociaciones ya existentes modificaron sus perfiles en esa dirección. Esta maduración de demandas suele explicarse por la creciente presencia femenina en los flujos migratorios y por la "mayor visibilidad social y política de la figura de la mujer migrante" (Magliano, 2013: 166). A su vez, para entender esta mayor visibilidad hay que considerar la influencia de organismos de Naciones Unidas, como la Organización Internacional para las Migraciones (OIM), el Fondo de Población de las Naciones Unidas (UNFPA) o el Fondo de Desarrollo de las Naciones Unidas para la Mujer (UNIFEM), ONGs globales y algunas dependencias estatales en diálogo con estas entidades, que expandieron intensamente un lenguaje y una agenda de género con foco en las migraciones. Mirada desde esta perspectiva, la noción de feminización de las migraciones, que suele utilizarse como factor explicativo del fenómeno, es más bien un síntoma de la circulación internacional de categorías y conceptos que le dan forma[77].

Las migrantes han encontrado en el intercambio con estas agencias colaboración y encuadre para llevar adelante nuevas formas organizativas. En las páginas que siguen expondré, por un lado, los casos de AMUMRA (Asociación Civil Mujeres Unidas Migrantes y Refugiadas de Argentina) y de Q'amasan Wuarmi (Fuerza de Mujer), dos agrupaciones que tematizan sus necesidades y demandas en términos de género. Por otro lado, presentaré el caso del Comedor Comunitario de un Movimiento de Trabajadores Desocupados (MTD) que reúne a mujeres migrantes justamente en tanto trabajadoras desocupadas y organiza sus luchas en torno a los derechos sociales y al acceso a empleo y recursos.

---

77. Por ello, más allá de permitir captar rasgos novedosos (Courtis y Pacceca, 2010) incluso en procesos migratorios claramente familiares, como el boliviano a la Argentina (Cerrutti, 2010), el uso descontextualizado de la noción y la reificación de los aportes de investigación producidos en Europa han llevado a descuidar aspectos de los proyectos migratorios familiares en la migración Sur-Sur (Mallimaci, 2014).

Género en organizaciones de mujeres migrantes y en una organización de trabajadores desocupados

AMUMRA es una asociación civil sin fines de lucro que existe como tal desde el año 2005, aunque cuenta con algunos antecedentes asociativos fallidos protagonizados por sus principales activistas desde finales de la década de 1990. La forma actual de la organización comenzó a delinearse luego de la Conferencia Mundial contra el Racismo, la Discriminación Racial, la Xenofobia y demás formas de Intolerancia llevada a cabo en Durban en 2001, bajo el patrocinio de las Naciones Unidas. Quien sería la principal promotora de la asociación y otras mujeres participaron de la reunión gracias al apoyo de UNIFEM. Es allí donde nació "la idea de que debían formar una red de mujeres migrantes" (Maribel, peruana, 50 años, 15 en Argentina, 2010).

AMUMRA no cuenta con personal rentado y, como suele suceder en otras organizaciones que se sostienen con el trabajo voluntario de sus integrantes, el número y la intensidad de la participación varían a lo largo del tiempo. Con auspicio y financiamiento de UNIFEM la asociación ha llevado adelante jornadas de capacitación en salud sexual y reproductiva destinadas a mujeres migrantes de bajos recursos en barrios pobres de la ciudad de Buenos Aires y el conurbano bonaerense y ha participado de la edición de un manual sobre prevención de violencias dirigido a promotoras comunitarias. Además del apoyo de UNIFEM, la asociación ha recibido algunos subsidios del gobierno de la ciudad de Buenos Aires, gracias a lo cual pudo funcionar con continuidad durante algunos años.

Q'amasan Wuarmi, por su parte, fue una asociación de migrantes bolivianas que también mostró en su perfil y en su agenda un devenir variable asociado a los vínculos institucionales construidos a lo largo de su existencia, hasta 2013. Quien fuera coordinadora de la agrupación durante el tiempo que estuvo activa, señala que fue la discriminación la que la llevó a lanzar a mediados de 2000 una convocatoria a mujeres desde un programa radial dirigido a migrantes bolivianos. De esa convocatoria nacería el Centro de Madres 27 de mayo (que alude en su nombre a la fecha de celebración anual del día de la madre en Bolivia). Más tarde, la misma dirigente participó de una convocatoria del Estado nacional dirigida a sectores pobres para la autoconstrucción cooperativa de viviendas. Para poder participar de dicha convocatoria, el Centro tomó la forma de cooperativa. En 2007 se juntaron con mujeres bolivianas de otras agrupaciones pequeñas y formaron Q'amasan. Con el tiempo se dieron desavenencias y las integrantes que permanecieron fueron casi únicamente las que habían conformado el Centro 27 de mayo.

Tejieron vínculos personales con miembros de iglesias evangélicas y por esta vía llegaron a CAREF (Comisión de Apoyo al Refugiado)[78], a través de la cual se articularon a UNFPA y se sumaron a la campaña que lanzó en 2010 por los derechos sexuales y reproductivos de las mujeres migrantes. Junto a otras asociaciones civiles y algunas dependencias estatales formaron parte de la Mesa Intersectorial sobre Migración y Salud Sexual y Reproductiva de las Mujeres y los Jóvenes Migrantes coordinada por UNFPA. De esta manera, las mujeres de Q'amasan entraban al tema salud sexual y reproductiva desde una perspectiva de género.

Además de su variabilidad, característica compartida con las organizaciones de migrantes en general (Pries y Sezgin, 2012; Schrover y Vermeulen, 2005; Kuah-Pearce y Hu-Dehart, 2006; Pereyra, 2001), estas asociaciones tienen en común dos rasgos, ambos asociados a sus vínculos con organismos internacionales. Uno es el peso de la dimensión nacional, que implica tensiones con el perfil promovido por dichos organismos, los cuales fomentan una confluencia de mujeres de varias procedencias que subordine o relegue la identificación nacional o étnica bajo la amplia interpelación de la experiencia migratoria femenina. En el caso de AMUMRA, si bien su dirección asume positivamente esta incitación, ello motiva disconformidades y resistencias. De hecho, sus desmembramientos y reagrupamientos se relacionan en gran medida con las identidades nacionales. Las organizaciones de carácter nacional de las que provienen muchas de las integrantes de AMUMRA siguieron existiendo tras su conformación, generalmente distanciadas de ella. Asimismo, de manera similar a cómo las mujeres negras en Estados Unidos pueden abandonar las coaliciones con mujeres blancas de clase media en la lucha contra la violencia de género para afiliarse a organizaciones comunitarias negras (Crenshaw, 1994), activistas que hoy ya no forman parte de AMUMRA han creado o se han sumado a asociaciones *nacio-*

---

78. El Servicio Ecuménico de Apoyo y Orientación a Migrantes y Refugiados (CAREF) es una asociación civil auspiciada por la Iglesia Evangélica del Río De La Plata, la Iglesia Evangélica Metodista Argentina, la Iglesia Evangélica Discípulos de Cristo y la Diócesis Anglicana de Argentina.

nales y argumentan que esto les permite una mayor incidencia en su colectividad (Lidia, boliviana, 52 años, 12 en Argentina, ex integrante de AMUMRA, 2012).

En cuanto a Q'amasan, que sí se organizó en clave nacional, sus integrantes manifiestan las dificultades que tuvieron las convocatorias de índole supranacional. Más allá de que tal interpelación de los organismos fuera bienintencionada, la juzgan estratégicamente desacertada. Desde el punto de vista de una de las integrantes de la agrupación, las personas no bolivianas "no pueden entrar a ese lugarcito donde la mujer boliviana quiere hablar de par a par" (Sabina, boliviana, 52 años, 25 en Argentina, 2012). Es decir, el "lugarcito" de intimidad solo se abriría para "pares", y la paridad vendría definida por la pertenencia nacional. Desde esta perspectiva, la convocatoria supranacional de los organismos erra al no evaluar correctamente el carácter nacional de la cercanía interpersonal.

El segundo rasgo que comparten las dos organizaciones es el enfoque de derechos y la preocupación por la perspectiva de género y por determinados problemas, como la salud sexual y reproductiva. AMUMRA y Q'amasan manejan un lenguaje de derechos elaborado en diálogo sostenido con organismos internacionales, organizaciones gubernamentales, ONGs y otras OSCs, y ajustado progresivamente a declaraciones y pactos internacionales. Ello supuso una novedad, no solo respecto de las asociaciones de varones, sino de las pocas asociaciones de mujeres que existían con anterioridad, dedicadas mayoritariamente a la asistencia social.

Pero al lado de la aprobación con orgullo del trabajo con organismos internacionales y del estímulo que esto implica, también a este respecto surgen tensiones. En AMUMRA existe cierto descontento o insatisfacción por los temas que no han podido atender o sobre los cuales no han podido siquiera reflexionar con calma. Insisten en el propósito truncado varias veces de diseñar una agenda propia de largo plazo que no sufra las presiones de la necesidad económica y sienten que la exigencia permanente de elaborar proyectos para presentar a organismos internacionales o estatales las desvía de este propósito.

Para las mujeres de Q'amasan el lenguaje de derechos, plenamente asumido en clave de género, se muestra espinoso ante problemáticas como las condiciones de trabajo en los talleres textiles informales de gestión migrante y la explotación laboral. Señalan con términos expertos que la mujer es "el eslabón más débil del sistema textil", por ser "más flexible" y resultar "objeto de deseo y objeto de trabajo" (Sabina, boliviana, 52 años, 25 en Argentina, 2012). Al mismo tiempo, defienden el accionar de ACI-FEBOL, organización acusada de defender a talleristas migrantes que explotan a costureros también migrantes, como pudo verse en el Capítulo 2. Han realizado medidas conjuntas con dicha asociación, con cuyos miembros las unen vínculos personales. Ante sucesos como allanamientos judiciales de talleres de indumentaria, las activistas rechazan la intervención de profesionales del derecho que, desde su perspectiva, inducirían a los costureros a calificar su situación como opresiva. Las activistas de Q'amasan consideran que las condiciones laborales en los talleres deben ser evaluadas en términos particulares. Coinciden en ello con intelectuales que han propuesto nociones como la de "dominación legítima" basada en el "derecho de piso" (Rivera Cusicanqui *et al.*, 2011: 19). En otras palabras, los derechos humanos ofrecen a estas migrantes herramientas útiles para pensar sus vivencias de género, pero también son evaluados como potenciales herramientas de distorsión introducidos en espacios como los talleres textiles que, entienden, se regirían por otra lógica.

La tercera organización es un comedor comunitario del MTD, ubicado en el barrio Altos de San Lorenzo de la ciudad de La Plata[79]. El comedor es parte de la sección territorial de este movimiento, que surgió en 2004 como organización multisectorial que además desarrolla proyectos estudiantiles, sindicales y ambientales. El sector territorial nuclea comedores comunitarios en barrios suburbanos y gestiona cupos en programas de política social y laboral a los que el movimiento accede a través de vínculos con organismos estatales. En Altos de San Lorenzo, además del comedor, el movimiento cuenta con dos huertas en las que cumplen tareas sendas cuadrillas de trabajadoras como parte del Programa Argentina Trabaja[80], una justo detrás del comedor y la otra a doscientos metros de allí.

---

79. Para este caso me baso en la etnografía de Rodrigo (2018a). La Plata, ubicada a sesenta kilómetros al sur de la Ciudad de Buenos Aires, es la capital de la provincia de Buenos Aires. El barrio Altos de San Lorenzo es un sector de la periferia urbana consolidado tardíamente, socialmente heterogéneo, localizado en el extremo opuesto al de mayor desarrollo de la ciudad (Segura, 2015).

80. Cuando Rodrigo realizó su etnografía, durante 2012 y 2013, el Programa destinado a personas sin ingresos formales era cogestionado por el Ministerio de Desarrollo Social de la Nación y diferentes entes ejecutores (municipios,

La composición del Comedor en su inicio en 2004 era relativamente equilibrada en términos de nacionalidad (argentina y boliviana) y de género (con mujeres de ambas nacionalidades y varones argentinos). Pero paulatinamente las redes familiares y de paisanazgo femeninas introdujeron cambios en este panorama. Madres, hijas, primas, cuñadas, tías, sobrinas, vecinas y amigas en Bolivia y Argentina propiciaron el ingreso de nuevas integrantes y al poco tiempo las mujeres bolivianas fueron una mayoría absoluta (Rodrigo, 2018a).

La participación en el Comedor supone, además de las tareas específicas para su funcionamiento, actividades de corte netamente político, como asistir a marchas, reuniones y asambleas. El espacio constituye una vía para ocupar posiciones desde las cuales reclamar por recursos ante diferentes dependencias estatales. Además, abre para sus integrantes la posibilidad de emplearse en las cuadrillas de trabajo en las huertas y, por este medio, acceder a una remuneración.

Rodrigo explica que la militancia en el Comedor y en el movimiento promueve un proceso de enclasamiento de las migrantes bolivianas. Las mujeres proyectan demandas por derechos económicos y sociales y lo hacen en tanto *trabajadoras desocupadas*, una figura que tiene relativa legitimidad institucional en la sociedad de residencia, lo cual, adicionalmente, les permite mitigar la discriminación que recae sobre ellas por extranjeras.

Al mismo tiempo, la nacionalidad tiene relevancia para estas mujeres y para las y los argentinos que coordinan el Comedor. "Los dispositivos práctico-discursivos que operan los procesos de «enclasamiento» emergen parcialmente desde y actúan sobre una sociabilidad étnico-nacional" (Rodrigo, 2018a: 121-122). Esta pertenencia nacional se configura en la cotidianidad del barrio para entrar luego a la organización. Los ámbitos de interacción de bolivianas se construyen en términos personales. En tanto sentido de pertenencia, la bolivianidad se define aquí por su carácter situado y doméstico y "se vincula con la construcción de redes con una operatividad diaria" (Rodrigo, 2018a: 96).

A diferencia de otras investigaciones sobre pertenencias nacionales en la migración (Grimson, 1999; Caggiano, 2005), el autor destaca que los procesos de reconocimiento recíproco que

provincias, federaciones y/o mutuales). Contemplaba la formación de cooperativas que llevaban a cabo obras públicas locales.

encuentra en su trabajo de campo "se vinculan menos con la posibilidad de revalorizar o reconstruir símbolos [...] que con la
búsqueda de sobrellevar miedos, dificultades, expectativas y es-
peranzas" (Rodrigo, 2018a: 98). Esta bolivianidad construida en
la experiencia barrial no apunta a la canalización institucional de
reclamos o reivindicaciones, sino que se da como recreación de la
vida y de las relaciones en el día a día. A diferencia de otras formas
de reconstrucción de la nacionalidad entre migrantes, que suelen
cifrarse en símbolos como banderas y estandartes, Rodrigo ilustra
su punto señalando la relevancia que un par de zapatos puede
tener en la construcción de esta nacionalidad cotidiana, recupe-
rando las palabras de una de las mujeres, quien explicara que era
por el atuendo, y en especial por los zapatos que llevaban, que
podía reconocer a sus paisanas entre otras mujeres en la nueva
ciudad de residencia. Se trata de una bolivianidad vivida y no (o
no necesariamente) de una bolivianidad reivindicada. Esta bolivianidad vivida, que permite generar redes de confianza y ámbitos de tranquilidad en un contexto muchas veces discriminatorio,
no procede a la inversión de valores en torno a lo boliviano, no
convierte el estigma en emblema ni realiza alguna otra forma de
confrontación más o menos abierta. Se desarrolla en un "sendero
paralelo" (Rodrigo, 2018a: 100) al de estas disputas.

Schrover y Vermeulen han señalado que las mujeres no se
relacionan con la nacionalidad de la misma manera que los varones y que esto tiene "consecuencias para su participación en
organizaciones de inmigrantes" (Schrover y Vermeulen, 2005:
827). Precisamente, la nacionalidad que advierte Rodrigo tiene
los rasgos que tiene porque son mujeres quienes la recrean en
el barrio, en el Comedor y en la organización. Los esposos, padres, hijos y hermanos de estas mujeres no son protagonistas
de la reconstrucción de esta específica pertenencia nacional, no
participan de las redes de relaciones cotidianas ni de las prácticas compartidas que la sostienen. Algunos, en cambio, sí forman
parte del tipo de asociaciones de migrantes que enarbolan una
nacionalidad reivindicativa, a veces ocupando puestos directivos,
y hay entre ellos quienes tienen contactos con organizaciones
gremiales locales a las que los acerca su empleo, principalmente
en la construcción.

Cabe añadir que si esta nacionalidad barrial tiene las marcas
de género de sus hacedoras, también las tiene la constitución de
un sentimiento de clase común. Las migrantes bolivianas son

trabajadoras de una cuadrilla en las huertas o bien trabajadoras desocupadas de la organización, y en base a ello obtienen respectivamente un estipendio y un lugar social desde el cual proyectar sus reclamos. Las mujeres comparten estos espacios de empoderamiento con otras mujeres. También con otras mujeres transitan los talleres de formación sindical y de trabajo cooperativo que desarrolla el MTD. Las prácticas y relaciones que configuran una posición de clase están atravesadas por sus gustos, deseos, urgencias y preocupaciones en tanto mujeres. Como veremos, esto tiene incidencia directa en la relación entre el ámbito de la organización y el hogareño. Contar con un dinero que antes no tenían o desarrollar confianza y orgullo en el ámbito interpersonal de la militancia lleva a revisar las relaciones en el hogar y en la familia.

Releer la vida en clave de género

Las actividades de formación y las intervenciones políticas directas en reuniones, asambleas y manifestaciones repercuten puertas adentro del hogar, en los vínculos personales e íntimos. Las lógicas, lenguajes, actitudes y comportamientos ensayados allí pueden desplegarse también aquí. No solo la militancia en clave de género, cualquier forma de participación política puede tener sus efectos en las relaciones familiares (Arizpe, 1987).

Esto se da en los tres casos presentados. En algunas ocasiones, el contexto migratorio puede intensificar o especificar esta revisión de las relaciones personales de género, dada la reflexividad a que invita la confrontación con ideologías, instituciones y prácticas de género diferentes de las aprendidas en el lugar de origen (Schnapper, 1988). Pessar mostró, por ejemplo, cómo el involucramiento de refugiadas guatemaltecas en México en organizaciones de derechos las había llevado a cuestionar las prescripciones que arrastraban desde su lugar de procedencia acerca de la femineidad y la privacidad del hogar y a desafiar la autoridad masculina y el bloqueo de su participación en la toma de decisiones sobre asuntos comunes (Pessar, 2005). Algo semejante puede verse en el comentario de una de las mujeres del grupo fundador de AMUMRA: "allá (en Bolivia) todavía el hombre está con la mentalidad de que la mujer es algo inferior, algo que tiene que manejar y no le da libertad, para todo tenemos que pedir permiso nosotras, en cambio acá no" (Lidia, boliviana, 44 años, 4 en Argentina, integrante de una agrupación que luego daría lugar a AMUMRA, 2005).

La participación en organizaciones de género suele conducir a cuestionamientos de las relaciones de poder en el espacio doméstico. Es común que las militantes de estas agrupaciones señalen que a los varones –en especial sus esposos, pero también sus padres o hermanos– no les guste su activismo o fastidien a causa de él. Si bien se dan situaciones de acompañamiento o apoyo, lo usual es la resistencia masculina a estas prácticas. Algunas mujeres salvan esta dificultad con un pedido de permiso, mientras otras ven muy críticamente esta estrategia que confirma el lugar de poder de los varones. Sabina, de Q'amasan, es terminante: "es su problema (de su pareja), no está de acuerdo con lo que yo hago, pero a mí no me interesa [...] porque a mí me gusta hacer esto y nadie me lo va a sacar, lo voy a seguir haciendo" (Sabina, boliviana, 52 años, 25 en Argentina, 2012).

No deja de ser significativo, además, que tanto ella como otra de las referentes destacadas de Q'amasan sean parte de la pequeña aunque creciente porción de mujeres que migran sin pareja desde Bolivia hacia Argentina. Ella lo hizo con amigos, habiendo sido madre soltera en La Paz, y su compañera cruzó sola por tierra desde el sur de Bolivia, primero a la provincia fronteriza de Jujuy y luego a La Plata. Entre las dirigentes de AMUMRA también hay mujeres que migraron sin pareja desde Perú o Paraguay.

La participación en agrupaciones de género brinda claves interpretativas no solo de los problemas sociales, sino de las vivencias individuales. Dado que las prioridades de AMUMRA y Q'amasan se forjan en diálogo con instituciones y organismos especializados, el lenguaje de género resulta casi una condición de participación. Las militantes apuntan, generalmente con orgullo, que a nivel personal e institucional han vivido una pedagogía de género. En este sentido, una de las integrantes de Q'amasan explicaba que la propia militancia las había hecho aprender incluso una retórica: "hemos aprendido y hasta nuestro discurso ha cambiado; nos hemos vuelto en algunos aspectos técnicas, teóricas, porque las discusiones así lo necesitaban" (Daisy, boliviana, 48 años, 25 en Argentina, 2012).

La participación en el comedor descripto por Rodrigo, por otro lado, permite a las mujeres bolivianas de Altos de San Lorenzo dar una pelea de género sin estridencias. La salida del hogar se ve facilitada porque su militancia puede presentarse como una extensión de las que comúnmente son entendidas como sus responsabilidades en tanto madres o esposas. Pero, a pesar de construirse sobre esta base, redefine ciertos aspectos de las relaciones de género. Así, algunos maridos expresan malestar ante el ingreso de sus esposas al movimiento, calificando a las reorganizaciones de la vida doméstica que ello conlleva como faltas a la responsabilidad femenina, de manera similar a lo que observara Jelin (1993) para otros contextos. Esto es, en definitiva, lo que termina de delinear el marco para esa especificidad de la militancia de las mujeres. La legitimación de sus roles políticos en la organización y, cuando se cuenta con él, el empleo remunerado en una cuadrilla provocan revisiones de la división sexual del trabajo. Las mujeres comienzan, sino a discutir programáticamente, al menos sí a redistribuir de a poco sus tareas y el tiempo dedicado a ellas. Cuando se abren discusiones de pareja o con el padre o un hermano sobre las responsabilidades dentro y fuera del hogar, argumentos y conceptos de la disputa de clase y de los derechos sociales y laborales se trasladan el ámbito doméstico. Mantener lazos sociales con otras mujeres promueve miradas críticas sobre la dinámica hogareña. "Juntas, en situación de igualdad, hablando de sus problemas, buscando soluciones comunes, aprendiendo, intentando recuperar el tiempo perdido, lo que las mujeres parecen estar viviendo es una modificación, aunque pequeña, del papel femenino, que comienza a volcarse hacia afuera" (Caldeira, 1987: 95).

Rodrigo (2018a) advierte con acierto dos aristas de la militancia de las mujeres del Comedor que pueden encontrarse en las activistas de las otras dos agrupaciones. Una es la interpretación que ellas hacen del hogar como un espacio de aislamiento social. Algunas mujeres pueden haber tenido esta percepción, al menos en ciernes, antes de su ingreso al movimiento, y puede haber sido ella, en parte, la que las impulsara a militar, pero adquiere mayor intensidad una vez que es puesta en común, conceptuada y evaluada con otras mujeres del grupo. Por eso es que, antes de la lucha por recursos o del logro de un estipendio está la lucha por la salida del hogar que estas actividades demandan (Arizpe, 1987). La otra arista relevante, que va de la mano con romper el aislamiento social, es el fortalecimiento de la autoestima personal que la participación conlleva. Se trata de un proceso de retroalimentación del que no es fácil saber cuándo se inició, pero sí que suele conducir progresivamente a mayor confianza y capacidad de participación.

Militar desde las vivencias personales

La imbricación de lo personal y lo político se manifiesta en ambos lados de la relación. Si hasta aquí está claro que la militancia de las mujeres impacta en las experiencias de género, desde luego las experiencias de género impactan en la militancia. Para empezar, el modo en que se da el involucramiento político de los migrantes está "mediado por normas, expectativas y oportunidades de género" (Piper, 2006: 134). Como mencioné hace un instante, la división sexual del trabajo pone límites y presiones (Williams, 2000) respecto de los ámbitos y formas de la militancia de las mujeres y de los varones migrantes. Dado que, de acuerdo con una extendida división sexual del trabajo, en nuestras sociedades los trabajos de cuidado corren mayormente por cuenta de las mujeres, ellas se destacan en las organizaciones que luchan por el ejercicio de derechos en estas áreas. Es por eso que la discriminación y restricción del acceso en áreas como la salud (Jelin, 2006) y la educación (Sinisi, 1998 y 1999), por ejemplo, generan protagonismo femenino en movimientos de defensa de derechos. También las mujeres protagonizan las actividades de mantenimiento y recreación de la lengua y las tradiciones (Low, 2006). Al enlazarse con las responsabilidades y tareas presuntamente femeninas, entonces, la militancia de las mujeres migrantes suele ligarse más al hogar, al barrio y a problemas locales que a las grandes estructuras políticas nacionales y a las redes de activismo transnacional (Pessar y Graham, 2001; Jones-Correa, 1998; Mohanty, 1991; Barroso y Bruschini, 1991).

En los ensayos asociativos que dieron origen a AMUMRA y a Q'amasan puede rastrearse la militancia como extensión de las responsabilidades domésticas: conseguir educación para sus hijos, en el caso de la primera, extender redes de cuidado de enfermos, en el de la segunda. Para las mujeres del Comedor, a su vez, la centralidad del matrimonio, el peso comunitario de la pareja y la división sexual del trabajo que convalida a los hombres como proveedores y a las mujeres como cuidadoras conducen, en conjunto, a la idea de que ellas "buscarían en el comedor una manera de «ayudar» al marido" (Rodrigo, 2018a: 134). Los espacios de encuentro informal fundamentales para la sociabilidad femenina en el barrio son, además, los de aprovisionamiento y los de atención de los hijos.

Por otra parte, las mujeres de AMUMRA y de Q'amasan recuerdan haberse sumado a la asociación a partir de que *les había sucedido algo* en el pasado. Dado el mencionado aprendizaje de una retórica de género, los recuerdos y la explicación de esos avatares personales y de las decisiones correspondientes están pasados ya por este tamiz: "yo ya desde jovencita peleaba por los derechos de las mujeres" (Daisy, boliviana, 48 años, 25 en Argentina, 2012). Las vivencias en el lugar de origen, en la familia, en las relaciones de pareja, como en la migración y la trayectoria laboral son interpretadas en términos de género y de lucha por derechos. La recuperación de las biografías, entonces, muestra que las vivencias personales dejan marcas en la militancia porque simultáneamente la militancia afecta el modo en que las propias vivencias se perciben y narran.

En las mujeres del Comedor se aprecia otro camino por el que la biografía da forma a la militancia: sus experiencias como mujeres migrantes especifican en clave de género los sentidos de la pertenencia nacional y de clase. Como vimos, la nacionalidad y la clase reconstruidas en el barrio y en el Comedor por parte de estas mujeres no se superponen término a término con las que reconstruyen los varones de sus familias y de algunas agrupaciones de migrantes, ni con la demandada por los dirigentes del movimiento. En una escena elocuente, Rodrigo recuerda que en medio de una manifestación frente al Palacio Municipal de La Plata, un grupo de mujeres bolivianas del Comedor se alejó unos doscientos metros para mirar vidrieras de un centro comercial próximo. Ello generó un llamado de atención de los dirigentes de la agrupación en una asamblea posterior. Pasear en medio de la protesta significaba, según se les reprochó, descuidar el propósito por el que se encontraban allí. Pero cabría observar que lo que no se descuidó con ello fue la consolidación de sus propios vínculos identitarios nacionales y de clase. Acceder a una zona de la ciudad a la que no se accede habitualmente y tener allí un momento de recreación aporta al refuerzo de aquellos vínculos (Segura, 2015). Echar una mirada a las vidrieras de moda puede movilizar aspiraciones sociales e incluso calibrar distancias de clase (Caggiano, 2012a), y puede actualizar información que permita seguir reconociendo eficazmente a las paisanas por los zapatos que usan y por los que no usan.

La participación social y política de las migrantes de Altos de San Lorenzo alimenta una pertenencia nacional y de clase inte-ractiva y doméstica, y se apoya en ella. Son, como esquematicé antes, una bolivianidad y una clase vividas, diferentes de una na-cionalidad y una clase reivindicadas. Como la participación social y política de las latinas en Boston estudiadas por Hardy-Fanta, la participación de las migrantes bolivianas se caracteriza por un fuerte "sentido de la comunidad, la cooperación y los procesos colectivos de organización" (Hardy-Fanta, 1993: 24). Hacer cone-xiones, como dice la autora, es la base sobre la que se apoya la po-lítica de estas mujeres como proceso interactivo interpersonal[81].

La politización de la experiencia y la dialéctica entre lo personal y lo político

Las mujeres de las agrupaciones han releído muchas de sus prácticas y vivencias de migración y trabajo en la clave que un espacio de militancia les ofrece y han reorganizado prospectiva y retrospectivamente aspectos de su vida según los principios y criterios de género elaborados allí. Por otro lado, como el come-dor popular mostró con claridad, formas no objetivadas políti-camente de vivir la cotidianeidad –desde las negociaciones de tiempos y espacios domésticos hasta la identificación con una paisana por la indumentaria que usa– moldean definiciones de la pertenencia política de clase o nacional. Estas situaciones dan cuenta de distintos niveles en la conformación de los sentidos de la experiencia y, más precisamente, de distintos niveles en la formalización política de la experiencia.

Cualquier faceta de la vida está abierta a ser problematizada políticamente. Pero esta problematización adquirirá característi-cas diferentes en el ámbito hogareño, en una conversación íntima, en una con un grupo de activistas, en una consigna plasmada en

---

81. Estas formas de participación no se ajustan, según la autora, a la imagen de la política que la teoría clásica ha universalizado a partir de experiencias históricas masculinas, asociada a la vida pública, la representación jerár-quica y las conductas mensurables como el voto (Hardy-Fanta, 1993). Por lo demás, sería un error considerar estos espacios políticos como dicotómicos. Así como la política oficial y masculina de Hardy-Fanta no puede pensarse sin las redes tejidas por las mujeres latinas, las redes femeninas bolivianas generan condiciones de posibilidad para el desarrollo de las pertenencias nacionales y de clase reivindicativas y públicas que serán encarnadas en una medida importante por varones.

un folleto, en una proclama o en una ley. El sentido político de la
experiencia se construye en diálogos que las personas mantienen entre sí y con movimientos sociales, a veces desde dentro, así
como con ONGs, dependencias estatales, organismos internacionales, etc. Las resoluciones diferentes y dinámicas de la politicidad potencial de la experiencia, la de género u otra, se explican
en gran medida por esta participación de diversos actores, con
atributos de legitimidad, autoridad y confianza particulares. Los
alineamientos imperfectos y desajustes resultan de estas inter-
locuciones no pocas veces conflictivas.

El hogar, las organizaciones sociales y las dependencias estatales, entre otros, tienen modos y grados de institucionalización
diversos y mecanismos de participación específicos. Suponen especializaciones. A veces, como dijera la integrante de Q'amasan,
implican aprender una discursividad hasta volverse "técnicas o
teóricas". Y las especializaciones permiten o requieren traducciones. El involucramiento de las mujeres migrantes en actividades y
demandas en determinados ámbitos modula su posición en otros.
Las traducciones de un ámbito a otro no siempre son fáciles y,
como cualquier traducción, implican arreglos y reinvenciones.
En ensambles de gubernamentalidad complejos, internamente
contradictorios y permeados por relaciones de poder se amasan
identidades y se proyectan transformaciones (Dean, 1999; Rose
et al., 2012; Walters, 2015).

Los distintos ámbitos disponen también jerarquías y desigualdades. En algunos, por ejemplo, se valorarán destrezas técnicas
como llevar las cuentas de una organización o redactar proyectos
de financiamiento para convocatorias internacionales. Otras veces
se apreciarán valores más vagos, como la fuerza, la constancia o
el tesón. Pero mientras los dirigentes sociales podrán celebrar
la fuerza de la mujer al fomentar su militancia, algunos esposos,
padres y hermanos varones la celebrarán como incentivo al trabajo doméstico y al cumplimiento de las que entienden como sus
responsabilidades familiares.

El paso del tiempo es fundamental en la definición y redefinición del perfil de cada organización. Y además, las biografías
de sus integrantes tienen temporalidades y ritmos propios. Su
involucramiento en uno u otro ámbito impactará en las trayectorias personales y en las grupales. La historia de Olivia, quien sin
integrar a la fecha ninguna de las organizaciones estudiadas ha
estado vinculada a dos de ellas, permite apreciarlo sintéticamente.

En Bolivia, Olivia había participado esporádicamente de una OSC de derechos humanos. Llegó a Buenos Aires en 2001, siguiendo el camino de su marido, que había migrado ocho años antes, mientras ella cuidaba de los tres hijos del matrimonio. Por una mayor cobertura estatal relativa en las tareas de cuidado y porque sus hijos habían crecido, en Argentina tuvo más tiempo para militar. Se acercó al Movimiento Boliviano por los Derechos Humanos, donde había varios profesionales bolivianos. Ella es abogada, aunque no pudo validar su título hasta once años después de haber migrado. Su esposo, médico, "tiene formación política", según sus palabras, y había formado para entonces una agrupación política boliviana en Argentina. Olivia participó más de un año de los intentos organizativos que llevarían a AMUMRA, pero se fue cuando esta asociación se consolidó en 2005 con un enfoque supranacional, y fundó una asociación civil de bolivianos en Buenos Aires. Recuerda que se vivía un intenso proceso de organización de la colectividad boliviana y que eso la llevó a una militancia más comunitaria. Su asociación se concentró en problemas de documentación y en derechos laborales. Siguiendo el impulso de organismos internacionales como UNFPA, se interesó por el acceso de las mujeres a la atención en salud. Con el apoyo de una ONG de Buenos Aires, su asociación y ella misma se involucraron en la realización de un video que denuncia el abuso laboral y las dificultades de acceso al sistema de salud en torno al caso concreto de una joven migrante. El título del video, *Por ser boliviana*, muestra que la nacionalidad tiene un lugar clave en la explicación propuesta de las desigualdades de clase, de género y generacionales.

Conclusiones

Las primeras dos décadas del siglo XXI han sido un momento de ebullición para la formalización política de la experiencia de género de las mujeres migrantes. Organismos estatales, agencias internacionales y ONGs globales han colocado en agenda la feminización de las migraciones y una serie de demandas por derechos en clave de género. Las mujeres migrantes participan de esas luchas y las extienden a múltiples espacios de su vida, al tiempo que incorporan sus experiencias y posiciones de género a otros planos de la lucha social y política. Los reclamos de género a veces se ligan y a veces entran en tensión con reclamos de clase, étnicos, nacionales, generacionales y otros.

La politización de la experiencia de las mujeres migrantes activa la dialéctica entre lo personal y lo político. Los casos de AMUMRA y Q'amasan muestran con claridad cómo la gramática política de género articula experiencias sociales. El caso del Comedor permite ver mejor cómo las experiencias interpersonales de las mujeres migrantes estructuran en clave de género las gramáticas nacional y de clase de la organización. Ante el interrogante acerca de "cómo la diferencia sexual es ella misma articulada como principio y práctica de organización social" (Scott, 2000: 207) se abre un abanico de posibilidades entre dos extremos: a) una gramática de género se instituye como grilla de inteligibilidad a partir de la cual interpretar y comprender las vivencias y prácticas sociales, y b) las formas cotidianas en que vivimos nuestras relaciones de género moldean sigilosamente –engendran– unas demandas que se ordenan explícitamente según otra gramática, como la de clase, nacionalidad o ciudadanía.

Las mujeres migrantes experimentan múltiples opresiones simultáneas. Las distintas organizaciones suelen privilegiar una o algunas de esas opresiones y ponen en tensión formas de politización de la experiencia. Esto se aprecia en la relación entre la supranacionalidad de género promovida por organismos internacionales y la nacionalidad que guía las acciones de muchas mujeres migrantes, que abandonan aquellos espacios para sumarse a los de su comunidad. En el comedor, a su vez, conformado casi exclusivamente por mujeres bolivianas, y conducido por mujeres y varones argentinos que no residen mayormente en el barrio, las desavenencias en torno a un paseo con paisanas para mirar vidrieras podrían dar cuenta de tensiones profundas que entrelazan género, nacionalidad, etnicidad y clase. Estas intersecciones dinámicas se transforman, además, a lo largo del tiempo de vida de las mujeres y de las organizaciones.

Este complejo proceso tiene como una de sus condiciones de posibilidad la existencia de distintos niveles de formalización política de la experiencia. En los Capítulos 2 y 3 pudieron entreverse estos distintos niveles y vías de politización en las vivencias y luchas alrededor de la clase, la nacionalidad y la etnicidad. Si se vuelven particularmente visibles en la organización social de las mujeres migrantes es debido a que es relativamente reciente y muy enérgica la instauración y extensión de un lenguaje y una lógica de género en el campo del activismo migratorio, como resultado de la labor realizada en países de América Latina por organismos como UNIFEM, UNFPA y OIM y la incidencia de ellos y de algunas ONGs globales en las organizaciones de base y en las dependencias estatales. Atender los desniveles en la formalización política de la experiencia tiene tres consecuencias analíticas para el estudio de las intersecciones de desigualdad, que serán atendidas en detalle en las Conclusiones. La primera es advertir que las gramáticas operan de manera situada sobre vivencias complejas y heterogéneas. Su estabilización es por definición relativa y está habitada por tensiones, como las ambivalencias de las activistas migrantes en el uso del lenguaje de derechos a propósito de los talleres textiles. La segunda es percibir que las dimensiones de diferencia y desigualdad actúan siempre de forma imbricada. Si en el comedor comunitario pudo apreciarse que la nacionalidad y la clase de las migrantes están generizadas es porque siempre las definiciones de nacionalidad o de clase involucran a las relaciones de género, así como las relaciones de género están enclasadas y encuadradas nacionalmente. La tercera y última consecuencia analítica es que la introducción de léxicos y categorías, saberes técnicos, especializaciones teóricas, jurídicas o administrativas da lugar a nuevas relaciones de poder. Las ventanillas del estado, las convocatorias de los organismos internacionales y otras instancias semejantes implican el manejo de estos saberes, lo cual afecta las relaciones y posiciones de los involucrados.

CONCLUSIONES

Categorías, clasificaciones, préstamos y apropiaciones

L a migración, o mejor la movilidad espacial de las personas, constituye un heterogéneo campo de batallas en el que participan diferentes actores. Algunos procuran controlar el proyecto de su propio desplazamiento. Otros encuentran en este desplazamiento la oportunidad o el reclamo para intervenir en nombre de terceros (aunque, en rigor, todos los actores participan en nombre propio y en representación de otros). La movilidad de las personas configura así, crecientemente en las últimas décadas, un terreno privilegiado de regulación social. En torno de ella proliferan los intentos en pugna –más o menos logrados– de producir colectivos sociales, determinar los límites que demarcan su interior y su exterior y establecer sus jerarquías.

Las organizaciones sociales de los propios migrantes o que trabajan por ellos actúan en contacto con un espectro de actores, dando lugar a acuerdos y discordias. Al darse a través de las fronteras internacionales –es decir, al darse en un espacio sobre el que ciertas entidades políticas forjan regularmente las fronteras internacionales– esa movilidad internacional se vuelve foco de atención de los estados nacionales, esto es, de agencias que ordenan sus maneras de hacer en torno a *su* territorio y *su* población. Al lado de las dependencias estatales nacionales, el sistema de estados, las unidades políticas supranacionales, así como entidades provinciales y locales participan con lógicas semejantes aunque con objetivos particulares y eventualmente opuestos. Las ONGs y los organismos internacionales, a su vez, actúan de punta a punta de este arco de dependencias, en escalas múltiples que se interconectan. Con maneras más encubiertas, por último, es común que sectores empresariales intervengan también en este proceso complejo.

Con procedimientos distintos y capacidades muy asimétricas los diferentes actores buscan incidir en la conducción de las conductas de los involucrados. Por ello resulta clave la construcción de conceptos en torno de la movilidad o de la migración. Y por ello funciona positivamente una proliferación constante de categorías alrededor de la migración (laboral, forzada, voluntaria, política, económica, feminizada, circular, de retorno, de tal o cual generación...), alrededor de fenómenos asociados, a veces presentados como equivalentes o conexos (desplazamiento, refugio, trata, tráfico, desarrollo, espacios transnacionales –de las familias, de la participación política, etc. –, ciudadanía global, regional, sudamericana, europea...) y de las propias personas involucradas (in/e/trans/migrantes, retornados, ciudadanos, residentes...). La proliferación de categorías es un fenómeno teórico y político vivido. Son categorías que se concretan en documentos, reglamentos y formularios y que encarnan en sentidos cotidianos de pertenencia e identidad, haciendo parte de la intrincada configuración de "aspiraciones, intereses y creencias" (Dean, 1999: 18).

La dinámica de las categorías y los sistemas clasificatorios incluye amojonamientos y procesos de consagración que generalmente se plasman institucionalmente. Cada vez que en una situación concreta hay un desfase entre las interpretaciones que diferentes actores hacen de una categoría, muy probablemente estemos ante divergencias en la aceptación de una consagración institucional. La mujer de las primeras líneas de este libro que *nunca se había pensado como migrante* manifestaba una distancia respecto de una categoría asumida con naturalidad en la academia y en las instituciones estatales en general. Las opciones abiertas a los trabajadores bolivianos para entrar a los sindicatos argentinos: sindicalizarse como *indígenas*, sindicalizarse *individualmente* a riesgo de perder la fuerza colectiva como *comunidad*, entre otras, también implican la aceptación o el rechazo de categorías consagradas institucionalmente. Algo semejante se vio en las diferentes decisiones tomadas por mujeres migrantes respecto de la identificación supranacional promovida por algunos organismos internacionales. La consagración institucional de una categoría en parte cristaliza lo que está ya extendido socialmente y en parte lo moldea.

La consagración institucional de categorías activa préstamos y apropiaciones entre espacios sociales. Eso es patente en casos como el del recurso a "pautas culturales ancestrales andinas" para fundamentar un fallo jurídico que disculpa a las grandes marcas de indumentaria de las condiciones de explotación laboral en los talleres de confección. Otra apropiación particular sucede cuando el Estado boliviano consagra el *ius sanguinis* automático, que sintoniza con un sentimiento muy extendido entre las familias bolivianas, según el cual *los hijos de bolivianos son bolivianos porque llevan sangre boliviana*. Sentimiento diferente pero compatible con el extendido en sectores de la sociedad argentina y sobre el cual se puede montar otra operación administrativa de consagración estatal: la obstaculización de la documentación de hijos e hijas de bolivianos por parte del Registro Civil de la provincia de Jujuy. Usos instrumentales y afectos dan vida y alimentan estos préstamos y apropiaciones.

Categorías y pertenencias, intereses y desigualdades son parte constitutiva y constituyente del campo de batallas en que toma forma la movilidad de las personas. Como los actores diversos tienen posiciones no solo diferentes, sino discordantes y, en ocasiones, enfrentadas, los ensambles de gubernamentalidad son inarmónicos, resultantes del abigarramiento más que del orden y la coherencia. El campo de luchas no se estructura en derredor de un único enfrentamiento. Se compone de una cantidad de combates que pueden coordinarse tanto como desagregarse. El análisis de este campo de luchas debe intentar ver más allá y más acá de las relaciones de poder más patentes (*vgr.* aquella entre *el estado* y *los migrantes*) para entender cómo las categorías y sentidos de pertenencia, los intereses y las desigualdades se forman y transforman en distintos puntos del campo. Los actores recurren a prácticas y procedimientos que se enganchan o desenganchan de formas que no es teórica ni políticamente conveniente determinar *a priori*, que pueden dar lugar a "combinaciones inesperadas" (Walters, 2015: 6 y 2012) y arrojar "resultados relativamente impredecibles" (Dean, 1999: 18). Se trata de un proceso con final abierto.

Espacios y escalas múltiples de participación

En su trabajo sobre perfiles y tipos de reclamos de organizaciones de migrantes, Koopmans y Statham (2001) mostraron empíricamente que cualquier intento de explicación debía considerar como factores clave tanto los regímenes de ciudadanía e integración de la sociedad de recepción como las influencias del país de procedencia. En cuanto al primer factor, estudios sobre organizaciones de migrantes latinoamericanos en España detectaron cómo el afianzamiento de sus relaciones con instituciones españolas las llevó a especializarse en programas de codesarrollo y de retorno de migrantes (Cortés Maisonave, 2011; García-González *et al.*, 2012). Esta importancia de los regímenes de ciudadanía e integración de la sociedad de residencia puede expresarse en intervenciones administrativas, como las de las dependencias estatales de España, Argentina o Jujuy del Capítulo 1, o en encuadres culturales y políticos consuetudinarios que vuelven más plausible que otras la interpelación de las mujeres bolivianas del comedor comunitario como *trabajadoras desocupadas*, es decir, en clave de clase social.

Las influencias del país de procedencia pueden darse por la incidencia de actores estatales, como es obvio en la reforma en el otorgamiento de nacionalidad boliviana que conllevó la Nueva Constitución Política del Estado de Bolivia o en las visitas oficiales de su presidente a migrantes en Argentina. Puede darse también por la relación de los migrantes con organismos no estatales y por los vínculos familiares e interpersonales transnacionales. La politización indígena de las últimas décadas en Bolivia, por ejemplo, tuvo su correlato en el devenir indígena de parte de la migración en Argentina y sus asociaciones. Además, rasgos de las tradiciones organizativas del lugar de origen suelen ser recuperados en el nuevo contexto, como lo exponen los recelos de algunos migrantes para asociarse a una central sindical argentina. En síntesis, "la situación social, política, económica y religiosa de los países de origen encuentra su eco en las actividades de las organizaciones de migrantes, aun cuando estas se concentren en los países de destino" (Pries *et al.*, 2012: 282).

Al lado de las influencias de las sociedades de recepción y de procedencia están las de los organismos internacionales y las ONGs globales y transnacionales que en ocasiones encuadran el accionar de los agentes abocados a la *gestión de las migraciones*

(Andrijasevic y Walters, 2010). En términos geopolíticos, como apunté en la Introducción, una de las consecuencias de estas actuaciones es la adecuación de las políticas migratorias de regiones periféricas a los lineamientos del norte global (Mansur Dias, 2014). Al mismo tiempo, los estudios de caso permiten notar que esto es posible, en parte, porque sus intervenciones ayudan a canalizar inquietudes y reclamos sociales que no han logrado materializarse hasta entonces. La expansión de la agenda de género entre organizaciones de mujeres migrantes da cuenta de las potencialidades y los límites de esta canalización.

Cada uno de estos tres factores es complejo internamente. En el caso de la documentación de los niños y niñas en Jujuy, por ejemplo, está claro que el entorno de residencia puede ser tanto un estado nacional como uno provincial o uno local y que ellos pueden orientar en direcciones contrastantes sus políticas. Los restantes factores presentan complejidades semejantes.

En este panorama de referencias espaciales múltiples, eventualmente superpuestas, y escalas diversas que pueden articularse, los y las migrantes y sus organizaciones encuentran alternativas novedosas para intentar controlar sus proyectos migratorios y también se topan con obstrucciones que los obligan a reinventarse. Volvamos al caso de los indígenas con una estimulante pregunta de Canessa: "¿cuál es el área en la que algunas personas pueden ser definidas como indígenas?" (Canessa, 2007: 210). De acuerdo con el autor, "el sistema legal internacional relaciona explícitamente la indigenidad con el Estado y es un instrumento deficiente para reconocer a los grupos indígenas a través de las fronteras internacionales" (Canessa, 2007: 210). Los estados son una referencia ineludible en la definición de los indígenas que habitan un área geográfica tradicional fronteras adentro. Pero cuando los indígenas cruzan las fronteras los estados no registran esta migración como tal, sino como un desplazamiento inter-*nacional*, como vimos concretamente respecto del estado argentino en el Capítulo 3. Al mismo tiempo, mientras el estado nacional no registra en censos y estadísticas la migración indígena, el sistema judicial sí parece reconocer su presencia a la hora de justificar determinadas condiciones laborales, como en el fallo judicial sobre las grandes marcas de indumentaria, referido en ese mismo capítulo.

Como otros, este es un campo de batallas multiescalar que, además, muta en el tiempo, como el caso del devenir indígena muestra explícitamente. Esta dinámica no supone, sin embargo, una apertura indiscriminada. Al contrario, las articulaciones concretas de escalas y espacios circunscriben –sin cerrarlo– el campo de luchas.

Esto permite hacer un señalamiento sobre la participación política transnacional migrante. Los casos expuestos aquí no ofrecen evidencia de que esta forma de participación pueda suponer una sociedad civil global o transnacional extra estatal. Exceptuando la pregnancia que puedan tener algunos discursos globales sintetizados en consignas como *No chains* o *No human is illegal* y las prácticas motorizadas en torno de ellos, las organizaciones sociales de migrantes estudiadas operan de cara a esferas públicas nacionales. Ello recuerda la temprana conclusión de Koopmans y Statham (que retomaran otros, como Dumont, 2008) de que "la ciudadanía nacional da forma al transnacionalismo" (Koopmans y Statham, 2001: 95) o la propuesta algo más general de Bauböck de entender cómo la política transnacional depende de la política nacional (Bauböck, 2003).

Si partimos, en cambio, de una noción amplia de transnacionalismo político, que considere las transformaciones institucionales generales (no solo la política en sentido acotado) tanto en el país de origen como en el de residencia (Bauböck, 2003), sí pueden incluirse en ella varios aspectos de esta participación política migrante. Las organizaciones sociales acuden a circuitos transnacionales informales, como las relaciones familiares, o formales, como los intercambios entre sindicatos, partidos políticos o funcionarios, que son refuncionalizados en sus discusiones y reclamos allí y aquí, es decir, en dichas esferas nacionales. La actividad que desarrollan, además, puede darse simultáneamente en una y otra esfera.

De acuerdo con la propuesta de Bauböck, no se trata solo de "la participación directa o indirecta en los Estados de origen desde fuera de sus fronteras, sino también del impacto de los lazos políticos externos de los migrantes en las instituciones políticas del país de acogida" (Bauböck, 2003: 702). En este sentido puede interpretarse el impacto que la politización indígena en Bolivia tuvo en las organizaciones migrantes en Argentina, así como la introducción en los sindicatos argentinos de modos de nucleamiento y organización novedosos que los trabajadores bolivianos traen consigo, tal y como sucede con los mexicanos empleados en verdulerías de New York (Ness, 2005). En este sentido, la participación en espacios y escalas múltiples reafirma el interés que podría tener indagar con más cuidado "las conexiones entre la circulación cultural y el transnacionalismo político" (Boccagni, Lafleur y Levitt, 2015: 16).

Luchas divergentes ante desigualdades entrelazadas

Las categorías, aspiraciones, intereses y creencias se forjan entre múltiples desigualdades. En cada caso concreto, la específica desigualdad en juego y los mecanismos concretos para producirla y reproducirla o para luchar contra ella se vinculan con la definición de las pertenencias. Por ello para cada caso estudiado en este libro fue fundamental entender el proceso por el cual se definían y valoraban las inequidades en relación con determinados grupos y sectores sociales. La pregunta por la gubernamentalidad, en el sentido de la conducción de las conductas, se complementa con la pregunta por la definición social de las desigualdades y de su carácter legítimo o ilegítimo.

Como vimos a lo largo de estas páginas, la disputa puede abrirse alrededor de la ciudadanía y la nacionalidad, los derechos de residencia o nacimiento, su plenitud o incompletud. En otro momento o simultáneamente pueden darse tensiones en la consideración de los migrantes como trabajadores o como extranjeros y de sus problemas como derivados de la condición de clase o de la etno-nacional. La identidad indígena también se presentó intersectada por la clase. Las mujeres migrantes organizadas en tanto que tales mostraron desacuerdos acerca del paraguas nacional o pan-nacional que pudiera reunirlas. Cada situación no solo permite, sino que reclama miradas diagonales: las mujeres migrantes que manejan un lenguaje de derechos respecto del género, lo suspenden para hablar de las relaciones de clase en los talleres textiles, los conflictos étnicos y de clase parecen darse en un lenguaje que se cierra a la participación de las mujeres, las disputas por la ciudadanía y la nacionalidad están atravesadas de intereses de clase y sesgos de género...

Los actores sociales concentran su lucha en un aspecto u otro de una realidad compleja en la que desigualdades y diferencias se intersectan. Quienes se empeñan en revertir una situación asimétrica no encuentran ante sí un camino despejado para articular sus intereses subalternos a otros, pero (o porque) tampoco es fácil apreciar quiénes entera y simplemente se benefician de las intersecciones. Hay ocasiones en que sí está claro cómo actores sociales concretos se aprovechan de esta imbricación de desigualdades y la promueven, como vimos con los empresarios que en provincias fronterizas se sirven de la explotación laboral de inmigrantes indocumentados. Pero la mayoría de las veces la concatenación de dimensiones no está tan clara. "Formular la otra pregunta" (Matsuda, 1991, citada en Davis, 2008) es un método que nos alerta "sobre el hecho de que el mundo que nos rodea es siempre más complicado y contradictorio de lo que podríamos haber anticipado" (Davis, 2008: 79). El aporte intelectual (y político) de este procedimiento es complejizar el camino de la comprensión, no allanarlo.

El hecho de que actores sociales con agendas igualitarias diverjan ante la intersección de desigualdades no implica únicamente que su lucha contra estas desigualdades resulte parcial, sino que propicia la reproducción de asimetrías y sesgos discriminatorios. Descuidar el entrelazamiento por concentrar la lucha en una forma de opresión puede dar lugar a que se sostenga otra opresión. Como sostuviera Crenshaw a propósito de los desencuentros entre feminismo y antirracismo, "el fracaso del feminismo en cuestionar la raza implica que las estrategias de resistencia del feminismo a menudo replicarán y reforzarán la subordinación de las personas de color, y el fracaso del antirracismo en cuestionar al patriarcado implica que el antirracismo reproducirá con frecuencia la subordinación de la mujer" (Crenshaw, 1994: 99).

Como apunté en otro lugar, "la «insuficiencia» de la contrahegemonía o la alternatividad pareciera resultar de su colocación en un marco de aceptabilidad social y de su adecuación a condiciones de posibilidad necesariamente limitadas" (Caggiano, 2012b: 270). Ese marco de aceptabilidad alude al imaginario social tanto como a las condiciones económicas e institucionales para llevar adelante las propias iniciativas. Como algunos estudios sobre organizaciones de migrantes señalan, muchas dificultades para articular diferentes frentes y objetivos derivan de la dependencia de recursos que estas organizaciones enfrentan. Pérez, por ejemplo, indica que en España "las asociaciones de inmigrantes no han conseguido organizar de una manera estable ninguna modalidad de coordinación de actividades" porque su dependencia del estado "sitúa a cada asociación en competencia con las demás en la lucha" por recursos y reconocimiento (Pérez, 2004: 137). El análisis de las dependencias cruzadas y las competencias derivadas de ello podría ampliarse incluyendo a los organismos internacionales y las ONGs globales.

Al lado de tales limitaciones, los análisis concretos de este libro han permitido advertir la incidencia de otros factores limitantes que son inherentes a la organización social de las luchas en un mundo de desigualdades intersectadas. Recuperaré sintéticamente los principales.

Derechos y pertenencias

La definición de los derechos suele no coincidir en sus alcances con la distinción de las pertenencias identitarias. Cada una se asocia a modos diferentes de llevar adelante las luchas sociales y políticas. De acuerdo con Jelin, Caggiano y Mombello (2011), las OSCs que trabajan en una lógica de derechos lo hacen desde las definiciones mismas de estos derechos y guiándose por su formalidad y las organizaciones que se mueven de acuerdo con las demandas del conjunto de personas al que pertenecen, por su parte, lo hacen según una dinámica social que sigue los vaivenes del grupo mismo y su identidad. Si bien no hay reglas en esta materia, la primera modalidad suele definir más claramente el horizonte de la lucha, para lo cual se vuelve usual recurrir a protocolos o normas que establecen los derechos de manera más o menos concluyente. Como contrapartida, la segunda modalidad muestra una gran eficacia al apoyarse en una base de pertenencia comunitaria, que ha sido construida históricamente y es, por lo tanto, transitoria, pero que se presta a operar para los miembros de ese grupo como un núcleo esencial en torno del cual el *nosotros* toma consistencia.

La diferenciación permite notar, por ejemplo, que en el caso del principal enfrentamiento entre organizaciones sociales del capítulo sobre trabajadores migrantes en la industria de la indumentaria no se trata simplemente de una divergencia entre clase y nacionalidad, sino de una en que la clase busca ser reconstruida en clave de derechos y la nacionalidad en clave de una identidad primordial. Algo semejante encontramos en el distanciamiento entre una organización de mujeres que reúne migrantes de distintas procedencias nacionales y las asociaciones que tienen como piedra de toque la nacionalidad común, ya que aquella pone en el horizonte organizativo determinados protocolos, declaraciones y pactos internacionales, mientras que estas últimas se ordenan según la pertenencia comunitaria.

Por cierto, no son posiciones definitivas ni inamovibles. En distintos momentos de una misma organización podemos encontrar la primacía de una lógica de derechos o de una dinámica de grupo que proyecta demandas y reclamos de un *nosotros*. Estos desplazamientos o la coalición o alianza entre organizaciones de uno y otro tipo exigen ajustes. Para una organización de corte identitario entablar lazos y encarar acciones conjuntas con organizaciones que arreglan sus modos de actuación según una lógica formal de derechos plantea la necesidad de incorporar referencias en cierto sentido más abstractas o genéricas. Se hace preciso volver parte del día a día conceptos y categorías que no han sido gestados desde ese día a día. Ello tendrá efectos en las dinámicas identitarias.

El juego entre derechos y pertenencias permanece abierto y activo entre otras cosas porque los derechos son dinámicos y las pertenencias nunca son simples. De lo primero parecen plenamente conscientes las propias entidades que se definen en función de ellos cuando asumen que la posibilidad de su restricción y la de su ampliación les son inherentes. Lo segundo, la complejidad de las pertenencias, se desprende de las intersecciones de dimensiones de la diferencia y la desigualdad, así como de las posibilidades múltiples de experimentar y politizar estas intersecciones (Yuval-Davis *et al.*, 2005).

Gramáticas de la experiencia

Un elemento puntualizado en el último capítulo, pero que puede encontrarse entre líneas en todos los demás, es la configuración del sentido político de la experiencia en distintos niveles. Si, como señalé allí, cualquier faceta de la vida puede ser problematizada políticamente, ello sucederá de modos específicos y con resultados particulares según suceda en un ámbito institucional u otro, en interacción con unas personas y grupos concretos o con otros, apelando a unos u otros léxicos, imágenes y categorías; de la conversación íntima a la asamblea o la calle, del comentario pasajero al programa de acción o el manifiesto.

Las organizaciones sociales, dependencias estatales y otras entidades estudiadas en el libro actúan en algunos de estos niveles, pero necesariamente interactúan con los demás en la medida en que ellos operan de manera interrelacionada.

Las distancias y los ajustes entre niveles se observan fácilmente cuando instituciones estatales, sindicales, religiosas u otras promocionan o sostienen una categoría que pasa a convertirse en una ventana de oportunidad para luchar por recursos o derechos. Así, un activista o una organización entera pueden formalizar sus experiencias en clave de clase o bien en clave étnica, una mujer migrante leer sucesivamente su trayectoria de vida enfatizando su perfil como madre, como extranjera o bien como cooperativista pobre. El punto es que siempre estarán actuando distintos niveles de formalización de la experiencia, y ello tiene tres consecuencias analíticas:

La primera es que la instalación o la estabilización de unos léxicos, criterios de clasificación y categorías cualesquiera ordenan pero de ninguna manera agotan la ancha y heterogénea superficie de la experiencia, que no es, por cierto, un cúmulo amorfo de percepciones y sensaciones, sino uno más o menos articulado de acuerdo con otras gramáticas, aprendidas en otros ámbitos de la vida. La idea de bell hooks citada en el Capítulo 4 de que la gente oprimida sabe que lo está aunque no se comprometa en una resistencia organizada (hooks, 2004) contempla la posibilidad de que tal resistencia se organice. Pero es preciso comprender que las posibilidades de organización son diversas, puesto que la experiencia de la opresión necesariamente lo es, y que un cierto ordenamiento no obsta que otras gramáticas ordenen en ese u otro momento otras resistencias.

La vieja idea de Stuart Hall de las tres posiciones hipotéticas en la decodificación de los discursos masivos puede ser adaptada más o menos libremente como guía para pensar cómo conviven las gramáticas de la experiencia. Comúnmente, las personas están expuestas a innumerables discursos que desecharán o rechazarán por no tener nada que ver con sus vidas o por contrariar algún aspecto que consideran propio o por el que sienten apego. En el extremo opuesto, se dan situaciones excepcionales en que las personas sienten que un discurso se ajusta enteramente a sus vidas y lo adoptan minuciosamente. Por último, el más común –y variable– de los casos es el de la posición negociada. "Los códigos negociados operan mediante lo que podríamos llamar lógicas particulares o situadas". La posición "negociada reconoce la legitimidad de las definiciones hegemónicas al hacer las grandes definiciones (abstractas), mientras que en un más restringido nivel situacional (situado), establece sus propias reglas básicas - opera con excepciones a la regla" (Hall, 1980/1994: 127).

Así, los contextos locales y situaciones concretas exigen y problematizan la legitimidad general que un discurso puede haber conseguido. Un ejemplo palpable es la posición de las mujeres migrantes que, asumiendo los términos generales del lenguaje de derechos (de género) y aplicándolo apenas con matices a la situación particular de sus vidas actuales y pasadas, lo interpretan de modo crítico e incluso lo rechazan cuando es aplicado a otra situación particular, la de las condiciones laborales en los talleres de confección regenteados por *paisanos*. La interpretación y adaptación situada de léxicos, criterios de clasificación y categorías es el mecanismo habitual con que ordenamos y desordenamos las gramáticas de nuestra experiencia.

La segunda consecuencia de atender los distintos niveles de formalización de la experiencia es subrayar que las dimensiones de diferencia y desigualdad nunca son puras. La idea de que el entrelazamiento de categorías de raza, clase, género u otras es constitutivo y que, en consecuencia, el reto es entender "cómo la raza es «generizada»", "cómo el género es «racializado»", etc. (Davis, 2008: 71) no está siempre presente en los análisis multidimensionales y, cuando está presente como afirmación teórica o programática, es menos común de lo deseable su correlato en un estudio empírico que muestre su funcionamiento concreto.

Al reparar en los desniveles de las gramáticas de la experiencia es posible percibir que la nacionalidad y la clase de las mujeres del comedor popular de la organización de trabajadores desocupados estaban generizadas, es decir, que la nacionalidad allí es una bolivianidad de mujeres trabajadoras pobres y la posición de clase es la de trabajadoras pobres mujeres bolivianas. La nacionalidad es *con* la clase y el género y la clase social es *con* el género y la nacionalidad. A su vez, cuando algunas trabajadoras migrantes de talleres textiles sienten que el conflicto entre una organización contra la explotación laboral y una contra la discriminación etnonacional no hace lugar a algunas de sus necesidades y demandas en torno a las responsabilidad de cuidado, los arreglos domésticos y la escala salarial dentro de los talleres vemos también que la clase y la nacionalidad/ etnicidad de esas organizaciones están generizadas y, más precisamente, masculinizadas.

En este punto el desafío apenas se ha planteado. A la pregunta por cómo la pertenencia nacional o la de clase son moldeadas por

las relaciones cotidianas de género podría seguirla la pregunta
por cómo la identidad de género es moldeada por pautas nacionales, regionales o locales, o bien étnicas, de clase, generacionales,
religiosas y así siguiendo. La idea del desnivel de las gramáticas
de experiencia permite apreciar también que es un disputado
trabajo sociohistórico y político el que articula un nivel vívido de
la indigenidad (o de la pertenencia comunitaria aymara) con un
nivel formalizado (y globalizado) del indigenismo (Canessa, 2006
y 2007) o un nivel vívido de género con un nivel formalizado de
los conflictos de género, como lo sabe el feminismo desde que
hace más de cuarenta años abriera la pregunta acerca de cuál era
la mujer que pretendía representar.

   Formular la otra pregunta, entonces, no es añadir dimensiones, sino intentar entender cómo las dimensiones se imbrican.
Interrogar cómo una cotidianidad racializada se entreteje con un
nivel formalizado del enfrentamiento de clase, por caso, implica
el desafío de entender la clase *con* la racialización y el racismo
con el enclasamiento. En términos históricos implicaría, entre
otras cosas, asumir el hecho de que, al menos en el continente
americano, no hay estructura de clases que no esté racializada.
Pero, nuevamente, el problema continúa complejizándose porque ello se ha producido y reproduce en la historia de acuerdo
con modalidades nacionales y regionales. Y además porque no
hay estructuración nacional de clases ni racialización que se haya
concebido por fuera de las relaciones de género...

   Por fin, la tercera consecuencia analítica de la idea de distintos
niveles de formalización de la experiencia es que el manejo de las
gramáticas en juego da lugar a relaciones de poder. El desequilibrio de poder más visible es la influencia que las dependencias
estatales y los organismos internacionales tienen en la definición
de las agendas y problemas y de los lenguajes para abordarlos. Su
poder económico, social y político hace que estos actores acoten
el campo y condicionen la participación de las organizaciones
de migrantes.

   No se trata, desde luego, de un proceso simple de imposición.
La necesidad de manejar las gramáticas abre también para algunos la posibilidad de hacerlo. Con ello algunos actores lograrán
mejorar sus posiciones relativas, como aquellas mujeres que se
volvían "técnicas o teóricas" en el uso de los discursos y protocolos de derechos, o como quienes pueden representar a la colectividad frente a los estados de origen y de residencia porque
ostentan los capitales necesarios para hacerlo (Caggiano, 2005).

El devenir indígena en la migración, en el contexto de origen y en el espacio transnacional, también da cuenta de la necesidad y de la oportunidad de utilizar lenguajes comunitarios, indígenas o indigenistas. Por lo demás, los procesos no son unidireccionales. Las asociaciones de base también encuentran en las negociaciones con las dependencias estatales y los organismos internacionales espacio para colocar sus intereses y sus modalidades de acción, sus categorías y agendas.

En resumen, es clave prestar atención a la legitimación, consagración e incluso institucionalización de determinadas gramáticas de la experiencia teniendo en cuenta los dos planos analíticos anteriores: a) ninguna gramática logrará purificar las dimensiones de diferencia y desigualdad ni imponer definitivamente una de estas dimensiones por sobre las otras y b) es entre los distintos niveles de formalización de la experiencia que se da la intersección de dimensiones. Las tensiones entre las diferentes gramáticas de la experiencia puede ser, entonces, una vía por la cual desmadejar analíticamente la interseccionalidad.

¿Intersecciones de qué?: especificar las desigualdades

Los estudios preocupados por las intersecciones entre clase, género, raza, etnicidad, generación, religión y otras dimensiones parecen asumir una preocupación por las desigualdades, pero suelen no explicitar suficientemente qué entienden por ellas. Aluden explícitamente a las relaciones de poder y usan la palabra "desigualdad", pero en general como un presupuesto común, un trasfondo que se pretende compartido con los lectores. Se instala así un problema analítico que no se salva con fórmulas como *desigualdad de clase*, *desigualdad de género* o *desigualdad racial*. Al contrario, aquí se inicia y, a veces, se encubre el problema. Tampoco lo salvan las arduas reflexiones acerca de qué es la clase, qué el género y qué la raza, si estas reflexiones se concentran en el proceso de construcción de los sujetos (de clase, de género o raciales) y descuidan el *objeto* de las disputas y los *mecanismos* puestos a operar. En otros términos, cuando se hacen precisiones en torno a *desigualdad de clase*, *desigualdad de género*, *desigualdad racial* u otra se define qué se entiende por clase, género o raza, pero muy rara vez qué se entiende por *desigualdad*.

Este último acápite está dedicado a una exhortación simple: estudiar la intersección de dimensiones de la desigualdad requiere especificar las formas de la desigualdad, sus mecanismos de producción y reproducción, las estrategias que eventualmente se le oponen. A lo largo del libro apareció una y otra vez el tema de los talleres de indumentaria, en el momento de la investigación en que había sido definido de antemano como foco de la pregunta (el Capítulo 2) y en aquellos en que no lo había sido. Su recurrencia fue menos resultado de una predeterminación que de haber seguido las pistas del trabajo empírico. Fueron las entidades involucradas en las batallas en torno a la migración en Argentina en lo que va del siglo XXI las que creyeron oportuno tomar posición al respecto. Vuelvo a este ámbito recurrente, entonces, para impulsar esta última exhortación.

Los talleres de indumentaria nos recuerdan un dato suficientemente conocido que está presente en numerosos contextos migratorios, en distintos países y regiones: por igual tarea los migrantes suelen recibir menor remuneración que los nativos. Esta situación es suficiente para sentar un punto de partida obvio pero muchas veces descuidado: desigualdad económica y desigualdad de clase no son sinónimos. No solo porque la desigualdad económica puede afectar a otros sectores o colectivos, sino porque la desigualdad de clase no es solo económica (de ingresos, de riqueza o de propiedad o control de los medios de producción), sino que involucra reconocimiento y respeto, pautas morales y rasgos culturales. Como algunos autores han resumido con sencillez, estamos aquí ante dos preguntas distintas: desigualdad de qué y desigualdad entre quiénes (Pérez Sainz y Mora Salas, 2009).

Teresa, una migrante boliviana que llevaba un tiempo como costurera en talleres de confección en Buenos Aires, a donde llegara unos años antes desde La Paz, paseaba a mediados de 2012 con su esposo por el *microcentro boliviano* del barrio de Liniers[82] cuando se topó en la vidriera de un negocio minorista con las prendas de vestir que ellos cosían. Se sorprendió por lo elevado de los precios. Y cuántos más cálculos hacía, más increíbles le resultaban, tan alejados estaban de lo que a ellos les pagaban por

---

82. Los migrantes llaman así a una zona de ese barrio por encontrarse allí gran cantidad de comercios de distintos rubros, propiedad de migrantes o sus descendientes, que ofrecen productos y servicios a *la colectividad*, desde alimentos y bebidas o indumentaria hasta asesoramiento jurídico y tratamiento médico u odontológico, pasando por servicios de telefonía y envío de dinero al exterior.

su trabajo para producirlas. A pesar de la negativa de su esposo, decidió reclamar al tallerista, un "paisano boliviano", a quién planteó su inquietud unos días más tarde: "Don Félix, nos están robando… ¿quién será que nos está robando, Don Félix?" (Teresa, 38 años, 8 en Argentina, 2012).

El interrogante, que apunta a la *desigualdad entre quiénes*, requiere para su respuesta determinar la *desigualdad de qué*. Si consideramos la organización y el control de la producción, el propio Don Félix les está *robando* o hace lo necesario para permitirlo y se beneficia personalmente al hacerlo, ya que sostiene la producción de los talleres sobre la explotación de estos paisanos. Si miramos las formas de acaparamiento del mercado textil y de indumentaria y del circuito de comercialización y valorización de las prendas, Don Félix y otros administradores y pequeños talleristas son también *robados* por las grandes marcas, que son las que más se benefician del trabajo de los costureros y de los talleristas y las que ponen el precio de compra a partir del cual los talleristas tienen que organizar la producción. Si consideráramos, por otro lado, el trabajo de reproducción, del que se encargan mujeres empleadas con contratos de palabra que les exigen gran flexibilidad (como pasar de la cocina a la máquina de coser de acuerdo con la demanda estacional), o en sus propios hogares en el caso de los pequeños talleres familiares, el *robo* a las mujeres por parte de algunos varones no es menos contundente.

Muchos migrantes bolivianos han reflexionado intensamente alrededor de la situación en los talleres. En el Capítulo 2 mencioné una serie de encuentros de organizaciones sociales de la colectividad boliviana realizados en Buenos Aires y La Plata al finalizar la primera década de este siglo. Señalé que en el segundo de ellos, realizado en 2010 en Buenos Aires, se debatió acerca de cuál sería el mejor criterio para la organización migrante, si la cultura nacional o la clase social. Los asistentes concluyeron que estas opciones "antes que una contradicción, expresan una identidad complementaria"[83]. En su crónica del evento, el periódico Renacer agregaba elementos al debate: "¿qué somos –se preguntaba el órgano de prensa– pueblos preexistentes, bolivianos o trabajadores precarizados? […] Se acordó –respondía poco después– que es

---

83. *Informe final del II Encuentro de organizaciones sociales de la colectividad boliviana*, Buenos Aires, octubre de 2010, mimeo.

una problemática «a resolver en el proceso»"[84]. Las respuestas de la "identidad complementaria" o la "resolución en el proceso" intentan evitar la fragmentación e integrar demandas diferentes. No obstante, al mismo tiempo que la esbozan, opacan la reflexión sobre las diferentes desigualdades en juego: discriminación, segregación, explotación, falta de respeto y reconocimiento.

Poco tiempo después, el tenso y fructífero diálogo que las agrupaciones Colectivo Situaciones y Simbiosis Cultural mantuvieran con Silvia Rivera Cusicanqui fue unos pasos más allá, abordando algunas de estas diferentes desigualdades. Los activistas, muchos de ellos jóvenes y, en el caso de Simbiosis Cultural, jóvenes migrantes e hijos de inmigrantes bolivianos, se planteaban el desafío de interpretar las relaciones familiares y las tradiciones comunitarias en el contexto del capitalismo global. Respecto de las instancias que se postulan como representantivas de la comunidad eran taxativos: "son cuasi-mafiosas, nacionalistas y jerárquicas" (Rivera Cusicanqui *et al.*, 2011: 11 y 16). La intelectual boliviana de paso por Buenos Aires, en cambio, prefería tratar el tema en otra clave interpretativa, la de la dominación legítima y el derecho de piso. Rivera Cusicanqui rechaza así la idea de la esclavitud para dar cuenta de estas formas complejas de explotación y subordinación. "Mientras se hacen explotar (los y las jóvenes migrantes) van construyendo su microempresa" (Rivera Cusicanqui *et al.*, 2011: 20). Confían, según la autora, en un sistema de "reciprocidad diferida" (Rivera Cusicanqui *et al.*, 2011: 21) en el que la explotación no puede ser permanente, sino pasajera. El complejo proceso de manumisión supone una progresiva autonomía del trabajador migrante respecto de su explotador, que en algún momento lo tratará de igual a igual y le otorgará alguna retribución de prestigio, como asistir a la fiesta cuando aquel sea pasante. Conlleva también "un circuito de devolución" en otro sentido: "este fue explotado, ahora le toca explotar" (Rivera Cusicanqui *et al.*, 2011: 22). Los entrevistadores, en cambio, discutían la interpretación de Rivera Cusicanqui. Ellos no creen que la reciprocidad diferida entre parientes pueda compararse a la que organiza el vínculo entre talleristas y costureros porque operan en cada caso diferentes economías.

---

84. Aparicio, Rolando. 11 de noviembre de 2010. "En búsqueda de un objetivo en común". *Renacer.* Disponible en: <http://www.renacerbol.com.ar/edicion208/infogeneral01.htm. Último acceso: 29/11/2011>.

En el marco de la idea del derecho de piso que deben pagar los jóvenes migrantes puede entenderse otra afirmación de Rivera Cusicanqui, según la cual "el joven siempre es pobre" (Rivera Cusicanqui *et al.*, 2011: 19). La aserción muestra otra imbricación de desigualdades. En economías comunitarias de baja capitalización y mecanismos de regulación relativa del excedente, las desigualdades intergeneracionales disponen posiciones que serán ocupadas a lo largo del ciclo de vida. Pero los jóvenes migrantes provenientes de esas comunidades (que no son todos los migrantes bolivianos, claro está) y, marcadamente, los jóvenes argentinos hijos de migrantes no ocupan posiciones desiguales solo en relación con sus mayores, sino en relación con otros jóvenes (y otros adultos) no migrantes ni hijos de migrantes. No es, entonces, casual que sean jóvenes quienes manifiestan su punto de vista alternativo y señalan, no sin ironía, que "los hijos e hijas de los talleristas, en su mayoría, no quieren pasar por la «universidad tallerista», prefieren la otra" (Rivera Cusicanqui *et al.*, 2011: 25).

El tema de estas discusiones es fundamental. No se trata solamente de que existan sistemas de relaciones sociales diferentes, sino de qué grados y modos de autonomía o de dependencia existen entre estos sistemas de relaciones. Cuando Rivera Cusicanqui discute la idea del llamado trabajo esclavo está proponiendo reparar en la lógica particular de organización laboral que se desenvuelve en los talleres. Los miembros de Situaciones y Simbiosis, en cambio, sostienen que, como núcleo de la reproducción del sistema textil y de indumentaria, los talleres están insertos en el corazón de la economía capitalista. ¿Cuánto una lógica diferente a la capitalista sobrevive dentro del capitalismo, cuánto lo alimenta y cuánto lo tensiona o transforma?, ¿se puede desarrollar sin verse subsumida o qué efectos tiene su subsunción en la forma misma que el capitalismo toma?, ¿es un sistema de relaciones autónomo o es un avatar más en la articulación de todas las formas históricamente conocidas de trabajo "en torno de y bajo el predominio de la relación capital-salario [...] y del mercado mundial" (Quijano, 2008: 188)?

La devolución de prestigio señalada por Rivera Cusicanqui y su valoración en el mundo andino se traslada al mundo de los talleres. Dicho traslado implica cambios. El intercambio de prestigio, honor o reconocimiento encontrará algún lugar en las formas de valoración y valorización del capitalismo contemporáneo (Boltansky y Esquerre, 2016). ¿Cómo será que se relaciona el intercambio de prestigio con la acumulación de capital?, ¿complementa el aprovechamiento de la fuerza de trabajo o se inscribe en un sistema de compadrazgo horizontal y vertical? Acaso ambas cosas.

Estamos, como señalé anteriormente, ante una situación en que se enredan y superponen institucionalidades. Las relaciones familiares andinas, con sus jerarquías y regulaciones, se insertan en el sistema de producción textil y de indumentaria global. Las relaciones capitalistas se insertan en la economía de la fiesta, la fiesta se incorpora a la economía capitalista. Ninguna de estas y otras instituciones sale indemne de los entrecruzamientos y superposiciones. Y los tiempos y espacios múltiples de la migración transnacional no hacen sino agregar complejidad: ¿dónde se efectiviza la reciprocidad diferida?, ¿cuánto tiempo se difiere?, ¿dónde y cuándo cuenta la ostentación que, según vimos en el Capítulo 3, juega su papel en el reclutamiento de mano de obra?

Formular la otra pregunta, entonces, una vez más, debe ir de la mano de especificar formas y mecanismos de desigualdad (Therborn, 2006 y 2011). La mera reiteración de expresiones como *desigualdad de género*, *desigualdad racial*, *desigualdad de clase*, etc. continuará opacando más que ayudando a comprender. ¿Desigualdad de qué? Distribución inequitativa de bienes y recursos, apropiación de los cuerpos y de sus fuerzas y capacidades, expropiación del tiempo, acaparamientos, valorizaciones diferenciales, irrespeto y menosprecio, limitación de la autonomía y de la participación en las decisiones... Hace falta poner el foco sobre qué es lo que se disputa para entender quiénes son quienes disputan. ¿Desigualdades según cuáles mecanismos? Excluir, legitimar jerarquías en nombre de diferencias, explotar, sacar ventajas... Hace falta poner el foco sobre los procedimientos para comprender la generación de asimetrías locales junto con las globales, y el agrietamiento múltiple de los espacios sociales. Y para comprender también que la multiplicación de resistencias puede asimismo alimentar la reproducción de desigualdades. Porque por lo general las asociaciones u organizaciones sociales que ponen el foco en alguna dimensión de desigualdad, deja otras en sombras, y no hay cómo dejar en las sombras dimensiones de desigualdad sin reproducirlas.

* * *

La circulación de las personas ha sido una preocupación creciente para diversos actores desde la organización de los estados modernos. Más recientemente, desde el último cuarto del siglo XX hasta la actualidad, la importancia dada a las migraciones o a la movilidad en gran parte del mundo no resulta solo de una intensificación o de un aceleramiento de los flujos, sino de la expansión y la especialización de las intervenciones sobre el fenómeno. Los propios migrantes organizados y otras organizaciones de base, agencias estatales, organismos inter o supranacionales y ONGs transnacionales o globales –que forman conjuntos heterogéneos- protagonizan disputas acerca de cómo entender estas movilidades, qué problemas delimitar y atender y con qué herramientas. La migración se constituye y reconstituye en medio de un amplio y tenso juego de intereses, afectos y anhelos, presiones, enfrentamientos y alianzas.

Como señala Walters, las formas contemporáneas de movilidad conciernen a la creación de un mundo: "los tipos de fronteras que se están creando, las identidades personales registradas y verificadas mediante sistemas biométricos, los tipos de viajes que se intentan con inusuales combinaciones de vehículos, terrenos, travesías, pasajeros y tripulaciones, las formas de estatus jurídico que se legislan, las formas de solidaridad, desprecio, propaganda y protesta que se inventan en medio de todo esto, y las autoridades y la *expertise* llamadas a comparecer" (Walters, 2013: 210).

Las batallas que se libran en este campo no se limitan a permitir o bloquear una circulación que se da de hecho. De lo que se trata es de canalizarla y regularla, darle forma, definir los flujos al "introducir fragmentos de código", como dirían Deleuze y Guattari (1974). Delimitar un problema conlleva dar forma a los sujetos sociales, las relaciones que los constituyen y la clasificación social que busca ordenarlos, y establecer las instituciones políticas, económicas y jurídicas que amojonan dicho campo de batallas.

Poner el foco sobre las organizaciones de migrantes permitió apreciar sus intervenciones en estas batallas y, al mismo tiempo, el modo en que las tensiones del campo las atraviesan. Las discusiones presentadas a lo largo del libro muestran la extensión y profundidad de las ambivalencias y contradicciones internas. Esas ambivalencias y contradicciones se expresan en la formación de organizaciones de género, de clase y etno-nacionalistas. Y se expresan con mayor claridad en las limitaciones –tal vez constitutivas- que exhiben para abordar la intersección de estas dimensiones de clasificación social. El análisis expone, así, las potencialidades y los desafíos de un análisis interseccional. El entrelazamiento de dimensiones alimenta distintas lógicas de organización (por derechos o por pertenencias identitarias) y se disimula en ellas. Además, las intersecciones no se dan a un mismo nivel porque las experiencias humanas no se dan en un único nivel; las intersecciones imbrican vivencias y sentidos con muy diversos grados y tipos de formalización. Finalmente, no es posible entender las batallas en torno de la movilidad ni la intersección de dimensiones sin especificar el objeto de las desigualdades en juego y los mecanismos de su producción. Solo especificando de qué desigualdades hablamos es que tiene sentido formular otra pregunta.

Bibliografía

ADAMOVSKY, Ezequiel. 2016. "La cultura visual del criollismo: etnicidad, «color» y nación en las representaciones visuales del criollo en Argentina, c. 1910-1955", en Corpus, vol. 6, núm. 2, julio - diciembre. Disponible en: <https://doi.org/10.4000/corpusarchivos.1738>.

AGUADO VÁZQUEZ, José Carlos y María Ana PORTAL ARIOSA. 1991. "Ideología, Identidad y cultura: tres elementos básicos en la comprensión de la reproducción cultural", en Boletín de Antropología Americana, núm. 23, pp. 67-82.

ALBÓ, Xavier y Josep BARNADAS. 1990. La cara india y campesina de nuestra historia. La Paz: CIPCA.

ALBÓ, Xavier, Tomás GREAVES y Godofredo SANDOVAL. 1983. "Chukiyawu. La cara aymara de La Paz", t. III, en Cuadernos de Investigación CIPCA, núm. 24. La Paz: CIPCA.

ALCOFF, Linda. 1999. "Merleau-Ponty y la teoría feminista sobre la experiencia", en Revista Mora, núm. 5, pp. 122-138. Disponible en: <http://genero.institutos.filo.uba.ar/sites/genero.institutos.filo.uba.ar/files/revistas/adjuntos/Mora5.pdf>.

ANDRIJASEVIC, Rutvica y William WALTERS. 2010. "The International Organization for Migration and the international government of borders", en Environment and Planning D: Society and Space, vol. 28, pp. 977-999. Disponible en: <https://doi.org/10.1068/d1509>.

APPADURAI, Arjun. 2001. La modernidad desbordada. Dimensiones culturales de la globalización. Buenos Aires: Trilce y Fondo de Cultura Económica.

ARIZPE, Lourdes. 1987. "Prólogo", en Jelin, Elizabeth (comp.), Ciudadanía e identidad: las mujeres en los movimientos sociales latino-americanos. Ginebra: UNSRID.

BAEZA, Brígida. 2011. "Migración boliviana en Comodoro Rivadavia (Chubut): asociacionismo y lazos transnacionales", en Pizarro, Cynthia (coord.), Migraciones internacionales contemporáneas. Estudios para el debate. Buenos Aires: CICCUS.

BAILLET, Dominique. 2001. "Militants associatifs issus de l'immigration: de la vocation au métier", en Hommes et Migrations, núm. 1229, enero-febrero, pp. 54-63. Disponible en: <https://doi.org/10.3406/homig.2001.3627>.

BALIBAR, Étienne. 1997. "What We Owe to the *Sans Papiers*". Disponible en: <http://eipcp.net/transversal/0313/balibar/en>.

BANKS, Markus. 1996. *Ethnicity: Anthropological Constructions*. Londres: Routledge.

BARROSO, Carmen y Cristina BRUSCHINI. 1991. "Building Politics from Personal Lives: Discussions on Sexuality among Poor Women in Brazil", en Mohanty, Chandra Talpade, Ann Russo y Lourdes Torres (eds.), *Third World women and the politics of feminism*. Bloomington and Indianapolis: Indiana University Press.

BARTH, Frederik. 1976. *Los grupos étnicos y sus fronteras*. México: Fondo de Cultura Económica.

—— 2000. "A análise da cultura nas sociedades complexas", en Lask, Tomke (org.), *O Guru, o iniciador e outras variações antropológicas*. Rio de Janeiro: Contracapa.

BASCH, Linda, Nina GLICK SCHILLER y Cristina SZANTON BLANC. 1994. *Nations Unbound. Transnational Projects, Postcolonial Predicaments, and Deterritorialized Nation-States*. Amsterdam: Gordon and Breach Publishers.

BAUBÖCK, Rainer. 2003. "Towards a Political Theory of Migrant Transnationalism", en *International Migration Review*, vol. 37, núm. 3, pp. 700-723. Disponible en: <https://doi.org/10.1111/j.1747-7379.2003.tb00155.x>.

—— 2010. "Studying Citizenship Constellations", en *Journal of Ethnic & Migration Studies*, vol. 36, núm. 5, pp. 847-859. Disponible en: <https://doi.org/10.1080/13691831003764375>.

—— 2015. "*Ius filiationis*: a defence of citizenship by descent", en Dumbrava, Costica y Rainer Bauböck (eds.), *Bloodlines and belonging: Time to abandon ius*

sanguinis?. Florence: EUI. Disponible en: <http://cadmus.eui.eu/bitstream/handle/1814/37578/RSCAS_2015_80.pdf?sequence=1&isAllowed=y>.

BAUDER, Harald. 2008. "Citizenship as Capital: The Distinction of Migrant Labor", en *Alternatives: Global, Local, Political*, vol. 33, núm. 3, pp. 315-333. Disponible en: <https://doi.org/10.1177/030437540803300303>.

BENENCIA, Roberto. 2000. "Colectividades de extranjeros en Neuquén: génesis y trayectorias de sus organizaciones", en *Estudios Migratorios Latinoamericanos*, vol. 15, núm. 45, pp. 299-336.

—— 2005. "Migración limítrofe y mercado de trabajo rural en la Argentina. Estrategias de familias bolivianas en la conformación de comunidades transnacionales", en *RELET - Revista Latinoamericana de Estudios del Trabajo*, vol. 10, núm. 17, octubre, pp. 5-30. Disponible en: <http://alast.info/relet_ojs/index.php/relet/article/view/249/212>.

—— 2011. "Los inmigrantes bolivianos, ¿sujetos de agenda política en la Argentina?", en Feldman-Bianco, Bela, Liliana Rivera Sánchez, Carolina Stefoni y Marta Inés Villa Martínez (comps.), *La construcción social del sujeto migrante en América Latina. Prácticas, representaciones y categorías*. Quito: FLACSO Ecuador, CLACSO y Universidad Alberto Hurtado. Disponible en: <http://bibliotecavirtual.clacso.org.ar/ar/libros/grupos/SujetoMigrante.pdf>.

BENENCIA, Roberto y Alejandro GAZZOTTI. 1995. "Migración limítrofe y empleo: precisiones e interrogantes", en *Estudios Migratorios Latinoamericanos*, vol. 10, núm. 31, pp. 573-612.

BENENCIA, Roberto y Gabriela Karasik. 1994. "Bolivianos en Buenos Aires: Aspectos de su integración laboral y cultural", en *Estudios Migratorios Latinoamericanos*, vol. 9, núm. 27, pp. 261-300.

BERGER, John. 1972. *Modos de ver*. Barcelona: Editorial Gustavo Gili.

BERTRANOU, Fabio y Luis CASANOVA. 2013. *Informalidad laboral en Argentina. Segmentos críticos y políticas para la formalización*. Buenos Aires: Oficina de País de la OIT para la Argentina. Disponible en: <http://www.ilo.org/wcmsp5/groups/public/@americas/@ro-lima/@ilo-buenos_aires/documents/publication/wcms_248462.pdf>.

BESSERER, Federico. 1999. "Estudios transnacionales y ciudadanía transnacional", en Mummert, Gail (ed.), *Fronteras fragmentadas*. Zamora: El Colegio de Michoacán - Centro de Investigaciones y Desarrollo del estado de Michoacán.

—— 2013. "Micropolíticas de la diferencia en una comunidad transnacional", en Grimson, Alejandro y Karina Bidaseca (comps.), *Hegemonía cultural y políticas de la diferencia*. Buenos Aires: CLACSO. Disponible en: <http://biblioteca.clacso.edu.ar/clacso/gt/20130513112051/HegemoniaCultural.pdf>.

BLOEMRAAD, Irene, Anna KORTEWEG y Gökçe YURDAKUL. 2008. "Citizenship and Immigration: Multiculturalism, Assimilation, and Challenges to the Nation-State", en *Annual Review of Sociology*, vol. 34, pp. 153-179. Disponible en: <https://doi.org/10.1146/annurev.soc.34.040507.134608>.

BOCCAGNI, Paolo, Jean-Michel LAFLEUR y Peggy LEVITT. 2015. "Transnational politics as cultural circulation: Toward a conceptual understanding of migrant political participation on the move", en *Mobilities*, vol. 11, núm. 3, pp. 444-463. Disponible en: <https://doi.org/10.1080/17450101.2014.1000023>.

BOFFI, Santiago. 2013. "Informalidad y precariedad laboral en el sector textil argentino. La situación de los talleres textiles", en *Avances de investigación*, núm. 13. Buenos Aires: Centro de Investigación en Trabajo, Distribución y Sociedad. Disponible en: <http://157.92.136.59/download/docin/docin_citradis_013.pdf>.

BOLTANSKY, Luc y Arnaud ESQUERRE. 2016. "La vida económica de las cosas: Mercancías, coleccionables, activos", en *New Left Review*, núm. 98, mayo-junio, pp. 37-63. Disponible en: <https://newleftreview.es/issues/98/articles/luc-boltanski-arnaud-esquerre-la-vida-economica-de-las-cosas.pdf>.

BOSNIAK, Linda. 2000. "Citizenship Denationalized", en *Indiana Journal of Global Legal Studies*, vol. 7, núm. 2, pp. 447-509. Disponible en: <http://dx.doi.org/10.2139/ssrn.232082>.

BOURDIEU, Pierre. 1982. *Ce que parler veut dire. L'économie des échanges linguistiques*. Paris: Fayard.

BRIONES, Claudia. 1998. *La alteridad del "cuarto mundo". Una deconstrucción antropológica de la diferencia*. Buenos Aires: Ediciones del Sol.

BRUBAKER, Rogers. 1992. *Citizenship and Nationhood in France and Germany*. Cambridge: Harvard University Press.

—— 2010. "Migration, Membership, and the Modern Nation-State: Internal and External Dimensions of the Politics of Belonging", en *The Journal of Interdisciplinary History*, vol. 41, núm. 1, pp. 61-78. Disponible en: <https://doi.org/10.1162/jinh.2010.41.1.61>.

—— 2015. *Grounds for Difference*. Cambridge and London: Harvard University Press.

BRUBAKER, Rogers y Frederick COOPER. 2001. "Más allá de «identidad»", en *Apuntes de Investigación del CECYP*, vol. 7, pp. 30-67.

CAGGIANO, Sergio. 2005. *Lo que no entra en el crisol. Inmigración boliviana, comunicación intercultural y procesos identitarios*. Buenos Aires: Prometeo.

—— 2006. "El ambiguo valor de una herencia. Capital social, inmigrantes y sociedad «receptora»", en Acuña, Carlos, Elizabeth Jelin y Gabriel Kessler (comps.), *Políticas sociales y acción local. 10 estudios de caso.* Buenos Aires: Center for Latin American Social Policy (CLASPO)-Argentina, IDES, UdeSA y UNGS.

—— 2007. "Madres en la frontera: género, nación y los peligros de la reproducción", en *Íconos. Revista de Ciencias Sociales*, núm. 28, mayo, pp. 93-106. Disponible en: <https://doi.org/10.17141/iconos.28.2007.220>.

—— 2008. "La experiencia del género. Un ensayo con Joan Scott", en *Prácticas de oficio. Investigación y reflexión en Ciencias Sociales*, núm. 2, julio, pp. 38-49. Disponible en: <http://ides.org.ar/wp-content/uploads/2012/04/artic151.pdf>.

—— 2010. "Del Altiplano al Río de La Plata: la migración aymara desde La Paz a Buenos Aires", en Torres, Alicia (comp.), *Niñez indígena en migración. Derechos en riesgo y tramas culturales.* Quito: FLACSO y UNICEF. Disponible en: <https://biblio.flacsoandes.edu.ec/libros/digital/43352.pdf>.

—— 2011. "La cuestión migratoria: reconocimiento de derechos, identidades nacionales y ausencias de género", en Jelin, Elizabeth, Sergio Caggiano y Laura Mombello (eds.), *Por los derechos. Mujeres y hombres en la acción colectiva.* Buenos Aires: Nueva Trilce, Heinrich Böll Stiftung e IDES.

—— 2012a. "Conexões e entrecruzamentos: Configurações culturais e direitos em um circuito migratório entre La Paz e Buenos Aires", en *Mana - Estudos de Antropologia Social*, vol. 18, núm. 1, pp. 63-90. Disponible en: <http://dx.doi.org/10.1590/S0104-93132012000100003>.

—— 2012b. *El sentido común visual. Disputas en torno a género, raza y clase en imágenes de circulación pública.* Buenos Aires: Miño y Dávila editores.

—— 2014a. "Desigualdades entrelazadas, luchas divergentes: migración e industria textil en Argentina", en *Revista CIDOB d´Afers Internacionals*, núm. 106-107, pp. 151-170. Disponible en: <https://www.cidob.org/articulos/revista_cidob_d_afers_internacionals/106_107/desigualdades_entrelazadas_luchas_divergentes_migracion_e_industria_textil_en_argentina>.

—— 2014b. "Riesgos del devenir indígena en la migración desde Bolivia a Buenos Aires: identidad, etnicidad y desigualdad", en *Les Cahiers ALHIM (Amérique Latine Histoire et Mémoire)*, junio, núm 27.

—— 2018. "Blood ties, migrations, state transnationalism and automatic nationality", en *Ethnic and Racial Studies*, 41:2, 267-284, DOI: 10.1080/01419870.2017.1341990.

—— 2019. "Mujeres migrantes y politización de la experiencia. El lugar del género en tres organizaciones sociales de Buenos Aires y La Plata (Argentina)", en *Revue Européenne des Migrations Internationales* (REMI).

CALDEIRA, Teresa. 1987. "Mujeres, cotidianeidad y política", en Jelin, Elizabeth (comp.), *Ciudadanía e identidad: las mujeres en los movimientos sociales latino-americanos.* Ginebra: UNRISD.

CALDERÓN CHELIUS, Leticia. 2013. "Los límites de la ciudadanía clásica: Las coordenadas del debate teórico contemporáneo", en Amescua, Cristina, José Carlos Luque y Javier Urbano (coords.), *Política en movimiento: estado, ciudadanía, exilio y migración en América Latina*. México: Centro Regional de Investigaciones Multidisciplinarias-UNAM y Díaz de Santos. Disponible en: <https://doc-0c-70-docs.googleusercontent.com/docs/securesc/ha0ro-937gcuc7l7deffksulhg5h7mbp1/p5i6jukir25kqroj9vb7qonukmcuboom/1558029600000/06258091

393668368439/*/1n-51-5bdoAfT H_17ijdzLteRDM3UdkjL?e=view>.

CAMUS, Manuela (ed.). 2007. *Comunidades en movimiento. La migración internacional en el norte de Huehuetenango*. Guatemala: INCEDES y CEDFOG.

—— 2008. *La sorpresita del norte. Migración internacional y comunidad en Huehuetenango*. Guatemala: INCEDES y CEDFOG.

CANELO, Brenda. 2008. "«Andinos» en Buenos Aires: reflexiones acerca de una categoría nativa y de una elección teórica", en *Estudios sobre las Culturas Contemporáneas*, vol. 14, núm. 28, diciembre, pp. 47-60. Disponible en: <http://bvirtual.ucol.mx/descargables/733_andinos.pdf>.

CANESSA, Andrew. 2006. "Todos somos indígenas: Towards a New Language of National Political Identity", en *Bulletin of Latin American Research*, vol. 25, núm. 2, pp. 241-263. Disponible en: <https://doi.org/10.1111/j.0261-3050.2006.00162.x>.

—— 2007. "Who Is Indigenous? Self-Identification, Indigeneity, and Claims to Justice in Contemporary Bolivia", en *Urban Anthropology*, vol. 36, núm. 3, pp. 195-237. Disponible en: <http://repository.essex.ac.uk/9851/1/Who_is_indigenous.pdf>.

—— 2008. "El sexo y el ciudadano: Barbies y reinas de belleza en la era de Evo Morales", en Wade, Peter, Fernando Urrea Giraldo y Mara Viveros Vigoya (eds.), *Raza, etnicidad y sexualidades. Ciudadanía y multiculturalismo en América Latina*. Bogotá: Universidad Nacional de Colombia - CES.

—— 2009. "Celebrando lo indígena en Bolivia. Unas reflexiones sobre el año nuevo Aymara", en Martínez Novo, Carmen (ed.), *Repensando los Movimientos Indígenas*. Quito: FLACSO Ecuador y Ministerio de Cultura del Ecuador.

CANEVARO, Santiago. 2006. "Experiencias individuales y acción colectiva en contextos migratorios. El caso de los jóvenes peruanos y el ingreso a la Universidad de Buenos Aires", en Grimson, Alejandro y Elizabeth Jelin (comps.), *Migraciones regionales hacia la Argentina. Diferencia, desigualdad y derechos*. Buenos Aires: Prometeo.

CASTLES, Stephen y Mark J. Miller. 2010 [1993]. *The Age of Migration: International Population Movements in the Modern World*. New York: The Guilford Press.

CASTRO NEIRA, Yerko. 2006. "La mayoría invisible. Ciudadanía y crisis en la migración indígena", en *Alteridades*, año 16, núm. 31, enero-junio, pp. 61-72. Disponible en: <https://alteridades.izt.uam.mx/index.php/Alte/article/view/264/263>.

CERRUTI, Marcela (coord.). 2010. *Salud y migración internacional: mujeres bolivianas en la Argentina*. Buenos Aires: PNUD, CENEP y UNFPA Argentina. Disponible en: <http://www.unfpa.org.ar/sitio/images/stories/pdf/2015-06_mujeresbolivianasenargentina.pdf>.

CHAVEZ, Leo. 2008. *The Latino threat: constructing immigrants, citizens and the nation*. Stanford: Stanford University Press.

CHUNG, Angie Y. 2005. "«Politics Without the Politics»: The Evolving Political Cultures of Ethnic Non-Profits in Koreatown, Los Angeles", en *Journal of Ethnic and Migration Studies*, vol. 31, núm. 5, pp. 911-929. Disponible en: <https://doi.org/10.1080/13691830500177701>.

CORREA, Violeta. 2006. "El papel de la sociedad civil en los Derechos Humanos de los migrantes", presentado en la Reunión de Expertos sobre Población, Desigualdades y Derechos Humanos, CELADE – CEPAL, Santiago de Chile. Disponible en: <https://www.cepal.org/celade/noticias/paginas/6/27116/correav.pdf>.

CORTES, Geneviève. 2004. *Partir para quedarse. Supervivencia y cambio en las sociedades campesinas andinas de Bolivia.* La Paz: IRD, IFEA y Plural editores. 10.4000/books.ifea.4368

CORTÉS MAISONAVE, Almudena. 2011. *Estados, cooperación para el desarrollo y migraciones: el caso del codesarrollo entre Ecuador y España.* Madrid: CIDH-CRUMA, Entinema.

COURTIS, Corina y María Inés PACECCA. 2010. "Género y trayectoria migratoria: mujeres migrantes y trabajo doméstico en el Área Metropolitana de Buenos Aires", en *Papeles de Población*, vol. 16, núm. 63, pp. 155-185. Disponible en: <https://rppoblacion.uaemex.mx/article/view/8517/7227>.

CRENSHAW, Kimberlé W. 1994. "Mapping the margins. Intersectionality, Identity Politics, and Violence Against Women of Color", en Albertson Fineman, Martha y Roxanne Mykitiuk (eds.), *The Public Nature of Private Violence.* New York: Routledge.

D'OVIDIO, María (dir). 2007. *Quién es quién en la cadena de valor del sector de indumentaria textil.* Buenos Aires: Fundación El Otro. Disponible en: <https://www.mpf.gov.ar/institucional/unidadesfe/ufase/trata/recoleccion/quien_es_quien.pdf>.

DÁVALOS, Pablo (comp.). 2005. Pueblos indígenas, *estado y democracia.* Buenos Aires: CLACSO. Disponible en: <http://biblioteca.clacso.edu.ar/clacso/gt/20101026123521/davalos.pdf>.

DAVIN, Anna. 1997. "Imperialism and Motherhood", en Cooper, Frederick y Ann Laura Stoler (eds.), *Tensions of Empire. Colonial Cultures in a Bourgeois World.* California: University of California Press.

DAVIS, Kathy. 2008. "Intersectionality as buzzword. A sociology of science perspective on what makes a feminist theory successful", en *Feminist Theory*, vol. 9, núm. 1, pp. 67-85. Disponible

en: <https://doi.org/10.1177/1464700108086364>.

DE GENOVA, Nicholas. 2002. "Migrant «Illegality» and Deportability in Everyday Life", en *Annual Review of Anthropology*, vol. 31, pp. 419-447. Disponible en: <https://doi.org/10.1146/annurev.anthro.31.040402.085432>.

—— 2013. "Spectacles of migrant «illegality»: the scene of exclusion, the obscene of inclusion", en *Ethnic and Racial Studies*, vol. 36, núm. 7, pp. 1180–1198. Disponible en: <https://doi.org/10.1080/01419870.2013.783710>.

DE LA CADENA, Marisol (ed.). 2007. *Formaciones de indianidad. Articulaciones raciales, mestizaje y nación en América Latina.* Popayán: Envión editores.

—— 2010. "Indigenous Cosmopolitics in the Andes: Conceptual Reflections beyond «Politics»", en *Cultural Anthropology*, vol. 25, núm. 2, pp. 334-370. Disponible en: <https://doi.org/10.1111/j.1548-1360.2010.01061.x>.

DEAN, Mitchell. 1999. *Governmentality: Power and Rule in Modern Society.* London: SAGE.

—— 2007. *Governing Societies: Political Perspectives on Domestic and International Rule.* Buckingham: Open University Press.

DELEUZE, Gilles y Felix GUATTARI. 1974. *El Antiedipo. Capitalismo y esquizofrenia.* Buenos Aires: Corregidor.

DEVOTO, Fernando. 2003. *Historia de la inmigración en la Argentina.* Buenos Aires: Sudamericana.

DEVOTO, Fernando y Eduardo MÍGUEZ (comps.). 1990. *Asociacionismo, trabajo e identidad étnica. Los italianos en América Latina en una perspectiva comparada.* Buenos Aires. CEMLA, CSER e IEHS.

DODARO, Christian A. y Mauro VÁZQUEZ. 2008. "Grupos migrantes: Representaciones y resistencias. Modos de organización política y obtención de visibilidad(es)", en Alabarces, Pablo y María Graciela Rodríguez, *Resistencia y Mediaciones. Estudios sobre cultura popular*. Buenos Aires: Paidós.

DOMENECH, Eduardo (comp.). 2005. *Migraciones contemporáneas y diversidad cultural en la Argentina*. Córdoba: Universidad Nacional de Córdoba - CEA. Disponible en: <http://biblioteca.clacso.edu.ar/Argentina/cea-unc/20171123045652/migraciones_contemporaneas.pdf>.

—— 2009. "Avatares de la política migratoria en Bolivia: el estado y los emigrantes como nacionales en el exterior", en Mazurek, Hubert; Ana María Aragonés, Uberto Salgado y Esperanza Ríos; Víctor Zúñiga; Elizabeth Roberts... Alejandro Portes. *Migraciones contemporáneas. Contribución al debate*. La Paz: CAF, CIDES-UMSA y Plural editores.

—— 2011. "Crónica de una «amenaza» anunciada. Inmigración e «ilegalidad»: visiones de Estado en la Argentina contemporánea", en Feldman-Bianco, Bela, Liliana Rivera Sánchez, Carolina Stefoni y Marta Inés Villa Martínez (comps.), *La construcción social del sujeto migrante en América Latina. Prácticas, representaciones y categorías*. Quito: FLACSO Ecuador, CLACSO y Universidad Alberto Hurtado. Disponible en: <http://bibliotecavirtual.clacso.org.ar/ar/libros/grupos/SujetoMigrante.pdf>.

—— 2013. "«Las migraciones son como el agua»: Hacia la instauración de políticas de «control con rostro humano». La gobernabilidad migratoria en la Argentina", en *Polis. Revista Latinoamericana*, vol. 12, núm. 35, pp. 1-16. Disponible en: <http://journals.openedition.org/polis/9280>.

DONATO, Katharine M., Donna GABACCIA, Jennifer Holdaway, Martin Manalansan IV, Patricia R. Pessar. 2006. "A Glass Half Full? Gender in Migration Studies", en *International Migration Review*, vol. 40, núm. 1, pp. 3-26. Disponible en: <https://doi.org/10.1111/j.1747-7379.2006.00001.x>.

DOUGLAS, Mary. 1978. *Pureza y Peligro*. Buenos Aires: Siglo XXI.

DOUGLAS, Mary y David HULL. 1992. "Introduction", en Douglas, Mary y David Hull (eds.), *How Classification Works. Nelson Goodman among the Social Sciences*. Edinburgh: Edinburgh University Press.

DUMBRAVA, Costica. 2015. "Super-foreigners and Sub-citizens: Mapping Ethno-national Hierarchies of Foreignness and Citizenship in Europe", en *Ethnopolitics*, vol. 14, núm. 3, pp. 296–310. Disponible en: <https://doi.org/10.1080/17449057.2014.994883>.

DUMONT, Antoine. 2008. "Representing voiceless migrants: Moroccan political transnationalism and Moroccan migrants' organizations in France", en *Ethnic and Racial Studies*, vol. 31, núm. 4, mayo, pp. 792-811. Disponible en: <https://doi.org/10.1080/01419870701784463>.

ELIZALDE, Silvia. 2008. "Debates sobre la experiencia. Un recorrido por la teoría y la praxis feminista", en *Oficios Terrestres*, núm. 23, pp. 18-30. Disponible en: <http://sedici.unlp.edu.ar/bitstream/handle/10915/45086/Documento_completo.pdf?sequence=1&isAllowed=y>.

EPSTEIN, Arnold L. 1978. *Ethos and Identity: Three Studies in Ethnicity*. London: Tavistock.

ESCOBAR, Cristina. 2007. "Migración y derechos ciudadanos: el caso mexicano", en Ariza, Marina y Alejandro Portes (comps.), *El país transnacional: migración mexicana y cambio social a través de la frontera*. México: UNAM - Instituto de Investigaciones Sociales.

FELDMAN-BIANCO, Bela y Nina GLICK SCHILLER. 2011. "Una conversación sobre transformaciones de la sociedad, migración transnacional y trayectorias de vida", en *Crítica y Emancipación*, año 3, núm. 5, primer semestre, pp. 9-42. Disponible en: <http://biblioteca.clacso.edu.ar/clacso/se/20120229121218/CyE5.pdf>.

FERNÁNDEZ, Alejandro. 1992. "Mutualismo y asociacionismo", en Vives, Pedro, Pepa Vega y Jesús Oyamburu (coords.), *Historia general de la emigración española a Iberoamérica*, vol. 1. Madrid: Historia 16.

FLAM, Helena y Catherine LLOYD. 2008. "Guest Editors' Introduction. Contextualizing Recent European Racist, Antiracist, and Migrant Mobilizing", en *International Journal of Sociology*, vol. 38, núm. 2, verano, pp. 3-16. Disponible en: <https://doi.org/10.2753/IJS0020-7659380200>.

FOUCAULT, Michel. 1991 [1969]. *La Arqueología del Saber*. México: Siglo XXI.

—— 2006. *Seguridad, territorio, población*. Buenos Aires: Fondo de Cultura Económica.

—— 2007. *Nacimiento de la biopolítica*. Buenos Aires: Fondo de Cultura Económica.

GARCÍA CANCLINI, Néstor. 2004. *Diferentes, desiguales y desconectados. Mapas de la interculturalidad*. Barcelona: Gedisa.

GARCÍA-GONZÁLEZ, Nayra, Mon CID LÓPEZ, Amelia FRANAS y Aurora ÁLVAREZ VEINGER. 2012. "Moroccan and Ecuadorian Migrant Organizations in the Spanish State", en Pries, Ludger y Zeynep Sezgin (eds.), *Cross Border Migrant Organizations in Comparative Perspective*. Houndmills: Palgrave Macmillan. Disponible en: <https://doi.org/10.1057/9781137035110>.

GAVAZZO, Natalia. 2004. "Identidad boliviana en Buenos Aires: las políticas de integración cultural", en *Revista Theomai. Estudios sobre Sociedad, Naturaleza y Desarrollo,* núm. 9, primer semestre, pp. 1-17. Disponible en: <http://revista-theomai.unq.edu.ar/numero9/artgavazzo9.htm>.

—— 2009. "Formas de organización y participación social de los migrantes latinoamericanos en Argentina. Aportes del enfoque de las estructuras de oportunidades políticas", presentado en el IX Congreso de Antropología Social, Facultad de Humanidades y Ciencias Sociales - UNM, Moreno. Disponible en: <http://cdsa.aacademica.org/000-080/389.pdf>.

GRDR. 2016. *Entre renouvellement des instances de gouvernance et émergence de dynamiques organisationnelles autonomes: quelles modalités pour l'engagement associatif des jeunes, descendants d'immigrés d'origine subsaharienne?* Paris: Ministère de la Ville, la Jeunesse et des Sports; Université Paris 8 Vincennes-Saint-Denis et FORIM. Disponible en: <https://www.associations.gouv.fr/IMG/pdf/etude_grdr_2014_v2-_fdva.pdf>.

GEERTZ, Clifford. 1963. "The Integrative Revolution", en Geertz, Clifford (ed.), *Old Societies and New States*. New York: Free Press.

GIORGIS, Marta. 2004. *La virgen prestamista. La fiesta de la Virgen de Urkupiña en el boliviano Gran Córdoba*. Buenos Aires: Antropofagia.

GLAZER, Nathan y Daniel MOYNIHAN. 1963. *Beyond the Melting Pot, Second Edition: The Negroes, Puerto Ricans, Jews, Italians, and Irish of New York City*. Cambridge: Harvard University Press.

GLICK SCHILLER, Nina. 2005. "Blood and Belonging: Long-Distance Nationalism and the World Beyond", en McKinnon, Susan y Sydel Silverman (eds.), *Complexities. Beyond Nature and Nurture*. Chicago and London: The University of Chicago Press.

—— 2007. "Beyond the Nation-State and Its Units of Analysis: Towards a New Research Agenda for Migration Studies. Essentials of Migration

Theory", en *COMCAD Working Papers*, núm. 33. Bielefeld: COMCAD. Disponible en: <https://www.uni-bielefeld.de/(en)/soz/ab6/ag_faist/downloads/workingpaper_33_Glick_Schiller.pdf>.

GLICK SCHILLER, Nina y Georges FOURON. 1999. "Terrains of blood and nation: Haitian transnational social fields", en *Ethnic and Racial Studies*, vol. 22, núm. 2, pp. 340-366. Disponible en: <https://doi.org/10.1080/014198799329512>.

GOLDRING, Luin. 2001. "The gender and geography of citizenship in Mexico-US transnational spaces", en *Identities: Global Studies in Culture and Power*, vol. 7, núm. 4, pp. 501-537. Disponible en: <https://doi.org/10.1080/1070289X.2001.9962677>.

—— 2002. "The Mexican State and Transmigrant Organizations: Negotiating the Boundaries of Membership and Participation", en *Latin American Research Review*, vol. 37, núm. 3, pp. 55-99. Disponible en: <https://www.jstor.org/stable/1512514>.

GOODALE, Mark. 2006. "Reclaiming modernity, Indigenous cosmopolitanism and the coming of the second revolution in Bolivia", en *American Ethnologist*, vol. 33, núm. 4, pp. 634–649. Disponible en: <https://doi.org/10.1525/ae.2006.33.4.634>.

GORDON, Jennifer. 2009. *Towards Transnational Labor Citizenship: Restructuring Labor Migration to Reinforce Workers' Rights. A Preliminary Report on Emerging Experiments*. New York: Fordham Law School. doi: 10.2139/ssrn.1348064

GREEN, Nancy. 1996. "Women and Immigrants in the Sweatshop: Categories of Labor Segmentation Revisited", en *Comparative Studies in Society and History*, vol. 38, núm. 3, julio, pp. 411-433. Disponible en: <https://doi.org/10.1017/S0010417500020004>.

GRIMSON, Alejandro. 1999. *Relatos de la diferencia y la igualdad. Los bolivianos en Buenos Aires*. Buenos Aires: Eudeba.

—— 2003. "La vida política de la etnicidad migrante: hipótesis en transformación", en *Estudios Migratorios Latinoamericanos*, año 17, núm. 50, pp. 143-159.

GUARNIZO, Luis Eduardo y Michael Peter Smith. 1998. "The Locations of Transnationalism", en Smith, Michael Peter y Luis Eduardo Guarnizo (eds.), *Transnationalism from Below - Journal of Comparative Urban and Community Research*, vol. 6.

GUILLAUMIN, Colette. 1992. *Sexe, Race et Pratique du pouvoir. L'idée de Nature*. Paris: Côtéfemmes.

HALL, Stuart. 1994. "Codificar/decodificar" (trad. Silvia Delfino), en Entel, Alicia (comp.), *Teorías de la Comunicación. Cuadros de época y pasiones de sujeto*. Buenos Aires: Editorial Docencia y Fundación Universidad a Distancia "Hernandarias". (Reimpreso de Hall, Stuart. 1980. "Encoding/decoding", en Hall, Stuart, Dorothy Hobson, Andrew Lowe y Paul Willis (eds.), *Culture, Media, Language. Working Papers in Cultural Studies, 1972/1979*. Londres: Hutchinson.

—— 1998. "El problema de la ideología: marxismo sin garantías", en *Doxa*, año 9, núm. 18, verano, pp. 3-16.

—— 2003a. *Da diáspora. Identidades e Mediações Culturais*. Belo Horizonte: Editora UFMG.

—— 2003b. "¿Quién necesita «identidad»?", en Hall, Stuart y Paul du Gay (comps.), *Cuestiones de Identidad Cultural*. Buenos Aires: Amorrortu.

—— 2010. "Sobre postmodernismo y articulación", en Restrepo, Eduardo, Caherine Walsh y Víctor Vich (eds.), *Sin garantías: trayectorias y problemáticas en estudios culturales*. Popayán, Lima, Bogotá y Quito: Envión Editores, Instituto de Estudios Peruanos, Instituto de Estudios Sociales y Culturales Pensar

- Pontificia Universidad Javierana y Universidad Andina Simón Bolívar Sede Ecuador.

HALPERN, Gerardo. 2009. *Etnicidad, inmigración y política*. Buenos Aires: Prometeo.

HALPERN, Gerardo y Luciano BECCARÍA. 2012. "Renacer: análisis sobre un periódico de la comunidad boliviana en Argentina", en *Estudos em Comunicação*, núm. 12, diciembre, pp. 183-206. Disponible en: <http://www.ec.ubi.pt/ec/12/pdf/EC12-2012Dez-9.pdf>.

HARAWAY, Donna. 1989. *Primate Visions. Gender, Race, and Nature in the World of Modern Science*. New York: Routledge.

HARDY-FANTA, Carol. 1993. *Latina Politics, Latino Politics: Gender, Culture, and Political Participation in Boston*. Philadelphia: Temple University Press.

HERRERA, Gioconda. 2012. "Género y migración internacional en la experiencia latinoamericana. De la visibilización del campo a una presencia selectiva", en *Política y Sociedad*, vol. 49, núm. 1, pp. 35-46. Disponible en: <https://doi.org/10.5209/rev_POSO.2012.v49.n1.36518>.

—— 2013. "Gender and International Migration: Contributions and Cross-Fertilizations", en *Annual Review of Sociology*, vol. 39, pp. 471-489. Disponible en: <https://doi.org/10.1146/annurev-soc-071811-145446>.

HINDESS, Barry. 2004. "Citizenship for All", en *Citizenship Studies*, vol. 8, núm. 3, pp. 305-315. Disponible en: <https://doi.org/10.1080/1362102042000257023>.

HONDAGNEU-SOTELO, Pierrette. 2011. "Gender and Migration Scholarship: An Overview from a 21st Century Perspective", en *Migraciones Internacionales*, vol. 6, núm. 20, pp. 219-233. Disponible en: <https://migracionesinternacionales.colef.mx/index.php/migracionesinternacionales/article/view/1066/533>.

HOOKS, bell. 2004. "Mujeres negras. Dar forma a la teoría feminista", en hooks, bell, Kum-Kum Bhavnani, Margaret Coulson, Aurora Levins Morales, Gloria Anzaldúa, Chela Sandóval... Chandra Talpade Mohanty, *Otras inapropiables*. Madrid: Traficantes de Sueños.

ITZIGSOHN, José. 2009. *Encountering American Faultlines: Race, Class, and the Dominican Experience in Providence*. New York: Russell Sage Foundation.

JAY, Martin. 2002. "La crisis de la experiencia en la era pos-subjetiva", en *Prismas. Revista de historia intelectual*, núm. 6, pp. 9-20. Disponible en: <https://ediciones.unq.edu.ar/archivos/?f=L3ByZXNzZXMvMS8v-bW9ub2dyYXBocy8yMjYYvc3VibWlz-c2lvbi9wcm9vZi8yMjYtNTMtMzYy-LTEtMTAtMjAxOTAzMTMucGRm>.

—— 2009. *Cantos de experiencia. Variaciones modernas sobre un tema universal*. Buenos Aires: Paidós.

JELIN, Elizabeth. 1993. "¿Cómo construir ciudadanía? Una visión desde abajo", en *European Review of Latin American and Caribbean Studies*, núm. 55, pp. 21-37. Disponible en: <https://www.jstor.org/stable/25675593>.

—— 2003. "La escala de acción de los movimientos sociales", en Jelin, Elizabeth (comp.), *Más allá de la Nación: las escalas múltiples de los movimientos sociales*. Buenos Aires: Libros del Zorzal.

—— (dir.). 2006. *Salud y migración regional: Ciudadanía, discriminación y comunicación intercultural*. Buenos Aires: IDES. Disponible en: <http://cddhh.ides.org.ar/files/2012/05/Jelin-Salud-y-migraci%C3%B3n-regional.pdf>.

JELIN, Elizabeth, Sergio CAGGIANO y Laura MOMBELLO (eds.). 2011. *Por los derechos. Mujeres y hombres en la acción colectiva*. Buenos

Aires: Nueva Trilce, Heinrich Böll Stiftung e IDES.

JENKINS, Richard. 1997. *Rethinking Ethnicity: Arguments and Explorations*. London: Routledge.

JONES-CORREA, Michael. 1998. "Different Paths: Gender, Immigration and Political Participation", en *International Migration Review*, vol. 32, núm. 2, pp. 326–349. Disponible en: <https://doi.org/10.1177/019791839803200202>.

—— 2001. "Under Two Flags: Dual Nationality in Latin America and Its Consequences for Naturalization in the United States", en *The International Migration Review*, vol. 35, núm. 4, pp. 997-1029. Disponible en: <https://doi.org/10.1111/j.1747-7379.2001.tb00050.x>.

JOPPKE, Christian. 2008. "Comparative Citizenship. A Restrictive Turn in Europe?", en *Law & Ethics of Human Rights*, vol. 2, núm. 1, pp. 128-168. Disponible en: <https://doi.org/10.2202/1938-2545.1018>.

KALM, Sara. 2008. *Governing Global Migration*. Tesis doctoral, Lund University. Disponible en: <http://lup.lub.lu.se/search/ws/files/3575770/4770581.pdf>.

KARASIK, Gabriela. 2000. "Tras la genealogía del diablo. Discusiones sobre la nación y el estado en la frontera argentino-boliviana", en Grimson, Alejandro (comp.), *Fronteras, naciones e identidades. La periferia como centro*. Buenos Aires: Centro de Integración Comunicación, Cultura y Sociedad (CICCUS) y La Crujía.

—— 2005. *Etnicidad, cultura y clases sociales. Procesos de formación histórica de la conciencia colectiva en Jujuy, 1970-2003*. Tesis doctoral, Universidad Nacional de Tucumán, mimeo.

KECK, Margaret E. y Kathryn SIKKINK. 1998. *Activists beyond borders: advocacy networks in international politics*. Ithaca and London: Cornell University Press. Disponible en: <https://www.jstor.org/stable/10.7591/j.ctt5hh13f>.

KEYES, Charles. F. 1976. "Towards a New Formulation of the Concept of Ethnic Group", en *Ethnicity*, vol. 3, núm. 3, pp. 202-213.

KIVISTO, Peter y Thomas FAIST. 2007. *Citizenship: Discourse, Theory, and Transnational Prospects*. Malden: Blackwell Publishing.

KOOPMANS, Ruud y Paul STATHAM. 2001. "Citoyenneté nationale et transnationalisme. Une analyse comparative des revendications des migrants en Allemagne, en Grande-Bretagne et aux Pays-Bas", en *Revue européene des migrations internationales*, vol. 17, núm. 2, pp. 63-100. Disponible en: <https://doi.org/10.3406/remi.2001.1779>.

KUAH-PEARCE, Kuhn Eng y Evelyn HUDEHART. 2006. "Introduction: The Chinese Diaspora and Voluntary Associations" en Kuah-Pearce, Khun Eng y Evelyn Du-Dehart (eds.), *Voluntary Organizations in the Chinese Diaspora*. Hong Kong: Hong Kong University Press. Disponible en: <https://hkupress.hku.hk/pro/con/975.pdf>.

LACLAU, Ernesto. 1998. "Desconstrucción, pragmatismo, hegemonía", en Mouffe, Chantal (comp.), *Desconstrucción y pragmatismo*. Buenos Aires: Paidós.

LAFLEUR, Jean-Michel (ed.) 2012. *Diáspora y voto en el exterior. La participación política de los emigrantes bolivianos en las elecciones de su país de origen*. Barcelona: CIDOB edicions. Disponible en: <https://www.cidob.org/en/content/download/57613/1490201/version/2/file/Di%C3%A1spora%20y%20voto%20en%20el%20exterior.pdf>.

LE BRAS, Hervé. 2003. "El fin de las migraciones", en *Estudios Migratorios Latinoamericanos*, vol. 17, núm. 50, pp. 5-16.

LERMA RODRÍGUEZ, Enriqueta. 2016. "«Guatemalteco-mexicano-estadounidenses» en Chiapas: Familias con estatus ciudadano diferenciado y su multiterritorialidad", en *Migraciones Internacionales*, vol. 8, núm. 3, pp. 95-124. Disponible en: <http://dx.doi.org/10.17428/rmi. v8i3.616>.

LEVITT, Peggy y Nina GLICK SCHILLER. 2004. "Perspectivas internacionales sobre migración: conceptualizar la simultaneidad", en *Migración y Desarrollo*, núm. 3, segundo semestre, pp. 60-91.

LIEBERT, Ulrike. 2005. "What It Means to Be(come) a Transatlantic Citizen: Rethinking Postnational Citizenship", en *New German Critique*, núm. 95, verano, pp. 93-105. Disponible en: <https://www.jstor.org/stable/30040966>.

LONG, Norman. 1999. "The multiple optic of interface analysis", en *UNESCO Background Paper on Interface Analysis*, octubre. Disponible en: <http://lanic.utexas.edu/project/etext/llilas/claspo/workingpapers/multipleoptic.pdf>.

LOW, Angeline. 2006. "The Roles and Contributions of Chinese Women Entrepreneurs in Community Organizations in Sydney", en Kuah-Pearce, Khun Eng y Evelyn Du-Dehart (eds.), *Voluntary Organizations in the Chinese Diaspora*. Hong Kong: Hong Kong University Press. Disponible en: <https://www.jstor.org/stable/j.ctt2jc01q>.

MAGLIANO, María José. 2009. "Las migraciones de las mujeres bolivianas: proyectos familiares, roles de género y experiencias migratorias en Córdoba", en Magliano, María José y Ana Inés Mallimaci (comps.), *Las mujeres latinoamericanas y sus migraciones*. Villa María: Eduvim.

—— 2013. "Los significados de vivir múltiples presencias: Mujeres bolivianas en Argentina", en *Migraciones Internacionales*, vol. 7, núm. 1, pp. 165-195. Disponible en: <http://dx.doi.org/10.17428/rmi. v6i24.713>.

MALLIMACI, Ana Inés. 2014. "Migraciones y género. Las formas de la visibilidad femenina", en Magliano, María José y Ana Inés Mallimaci (comps.), *Las mujeres latinoamericanas y sus migraciones*. Villa María: Eduvim.

MANSUR DIAS, Guilherme. 2014. "Migraçao, segurança e governabilidade migratória. O papel dos Organismos Internacionais". *Crítica y Emancipación. Revista Latinoamericana de ciencias sociales*, año 6, núm. 11, pp. 557-579. Disponible en: <http://biblioteca.clacso.edu.ar/ojs/index.php/critica/article/view/33>.

MARTÍNEZ NOVO, Carmen (ed.). 2009. *Repensando los Movimientos Indígenas*. Quito: FLACSO Ecuador y Ministerio de Cultura del Ecuador. Disponible en: <https://biblio.flacsoandes.edu.ec/libros/digital/41809.pdf>.

MASSEY, Douglas, Karen PREN y Jorge DURAND. 2009. "Nuevos escenarios de la migración México-Estados Unidos. Las consecuencias de la guerra antiinmigrante", en *Papeles de Población*, vol. 15, núm. 61, julio-septiembre, pp. 101-128. Disponible en: <https://rppoblacion.uaemex.mx/article/view/8534/7244>.

MATEOS, Pablo y Jorge DURAND. 2012. "Residence vs. Ancestry in Acquisition of Spanish Citizenship: A Netnography Approach", en *Migraciones Internacionales*, vol. 6, núm. 4, pp. 9-46. Disponible en: <http://dx.doi.org/10.17428/rmi. v6i23.722>.

MERENSON, Silvina. 2015. "El Frente Amplio de Uruguay en Argentina y el «voto Buquebus»: ciudadanía y prácticas políticas transnacionales en el Cono-Sur", en *Estudios Políticos*, núm. 48, pp. 115-134. Disponible en: <https://doi.org/10.17533/udea.espo.n48a07>.

—— 2017. "Redes, práticas e remessas políticas: a Frente Ampla do Uruguai na Argentina e o voto transnacional", en *Sociologia & Antropologia*, vol. 7, núm. 3, pp. 851-877. Disponible en:

<http://dx.doi.org/10.1590/2238-38752017v738>.

MEZZADRA, Sandro. 2005. *Derecho de fuga. Migraciones, ciudadanía y globalización.* Madrid y Buenos Aires: Traficantes de Sueños y Tinta Limón. Disponible en: <https://www.traficantes.net/sites/default/files/pdfs/Derecho%20de%20fuga-TdS.pdf>.

—— 2015. "The proliferation of borders and the right to escape", en Jansen, Yolande, Robin Celikates y Joost de Bloois (eds.), *The Irregularization of Migration in Contemporary Europe. Detention, Deportation, Drowning.* London and New York: Rowman & Littlefield.

MIRA, María Celeste. 2003. "O masculino e o femenino nas narrativas da cultura de masas ou o deslocamento do olhar", en *Cadernos Pagu*, núm. 21, pp. 13-38. Disponible en: <https://periodicos.sbu.unicamp.br/ojs/index.php/cadpagu/article/view/8644608>.

MOHANTY, Chandra Talpade. 1991. "Cartographies of Struggle: Third World Women and the Politics of Feminism", en Mohanty, Chandra Talpade, Ann Russo y Lourdes Torres (eds.), *Third World Women and the Politics of Feminism.* Bloomington and Indianapolis: Indiana University Press.

MOHANTY, Chandra Talpade, Ann RUSSO y Lourdes TORRES (eds.). 1991. *Third World women and the politics of feminism.* Bloomington and Indianapolis: Indiana University Press.

MONTERO BRESSÁN, Jerónimo. 2011. *Neoliberal Fashion: The Political Economy of Sweatshops in Europe and Latin America.* Tesis doctoral, Durham University. Disponible en: <http://etheses.dur.ac.uk/3205/>.

—— 2018. "Local Sweatshops in the Global Economy: Accumulation Dynamics and the Manufacturing of a Reserve Army", en Atzeni, Mauricio e Immanuel Ness (eds.), *Global Perspectives on Workers' and Labour Organizations.* London: Springer.

MONTERO BRESSÁN, Jerónimo y Ayelén ARCOS. 2016. "How do Migrant Workers Respond to Labour Abuses in «Local Sweatshops»?", en *Antipode*, vol. 49, núm. 2, pp. 437-454. doi: 10.1111/anti.12250

MOORE, Henrietta. 1993. *Feminism and Anthropology.* Oxford: Polity Press.

MUGARZA, Susana. 1985. "Presencia y ausencia boliviana en la ciudad de Buenos Aires", en *Estudios Migratorios Latinoamericanos*, año 1, n° 1, pp. 98-106.

NAVARO-YASHIN, Yael. 2009. "Affective spaces, melancholic objects: ruination and the production of anthropological knowledge", en *Journal of the Royal Anthropological Institute*, vol. 15, núm. 1, pp. 1-18. Disponible en: <https://doi.org/10.1111/j.1467-9655.2008.01527.x>.

NESS, Immanuel. 2005. *Immigrants, Unions, and the New U.S. Labor Market.* Philadelphia: Temple University Press.

NOVICK, Susana. 2011. "Migraciones en el Cono Sur: políticas, actores y procesos de integración", en Feldman-Bianco, Bela, Liliana Rivera Sánchez, Carolina Stefoni y Marta Inés Villa Martínez (comps.), *La construcción social del sujeto migrante en América Latina. Prácticas, representaciones y categorías.* Quito: FLACSO-Ecuador, CLACSO y Universidad Alberto Hurtado. Disponible en: <http://bibliotecavirtual.clacso.org.ar/ar/libros/grupos/Sujeto-Migrante.pdf>.

NYERS, Peter. 2006. "The Accidental Citizen: Acts of Sovereignty and (Un)making Citizenship", en *Economy and Society*, vol. 35, núm. 1, febrero, pp. 22-41. Disponible en: <https://doi.org/10.1080/03085140500465824>.

OKAMURA, Jonathan. 1981. "Situational ethnicity", en *Ethnic and Racial Studies*, vol. 4, núm. 4, octubre, pp. 451-465. Disponible en: <https://

doi.org/10.1080/01419870.1981.
9993351>

ONG, Aihwa. 2012. "Ciudadanía Flexible: Las lógicas culturales de la Transnacionalidad" y "Apostillas: Una antropología de la transnacionalidad", en *Crítica Contemporánea. Revista de Teoría Politica*, núm. 2, noviembre, pp. 1-12. Disponible en: <http://cienciassociales.edu.uy/institutodecienciapolitica/wp-content/uploads/sites/4/2015/09/Aihwa-Ong.pdf>.

ORTNER, Sherry. 2006. *Anthropology and Social Theory. Culture, Power, and the Acting Subject*. Durham and London: Duke University Press.

OTERO, Hernán. 1998. "Estadística censal y construcción de la nación. El caso argentino, 1869-1914", en *Boletín del Instituto de Historia Argentina y Americana "Dr. Emilio Ravignani"*, Tercera Serie, núm. 16/17, segundo semestre 1997 y primer semestre 1998. Disponible en: <http://ravignanidigital.com.ar/_bol_ravig/n16_17/n1617a05.pdf>.

PALOMINO, Héctor. 2011. "La renovada presencia de los sindicatos en la Argentina contemporánea", en *Voces en el Fénix*, vol. 2, núm. 6, junio, pp. 25-31. Disponible en: <http://www.vocesenelfenix.com/sites/default/files/pdf/N6_4.pdf>.

PEDONE, Claudia y Sandra GIL ARAÚJO. 2008. "Los laberintos de la ciudadanía. Políticas migratorias e inserción de las familias emigrantes latinoamericanas en España", en *REMHU – Revista Interdisciplinar da Mobilidade Humana*, año 16, núm. 31, pp. 143-164. Disponible en: <http://remhu.csem.org.br/index.php/remhu/article/view/98/90>.

PEREYRA, Brenda. 2001. *Organización de inmigrantes de países vecinos en la construcción de ciudadanía*. Tesis de maestría, Universidad de Buenos Aires.

PÉREZ, Alberto Martín. 2004. "Las asociaciones de inmigrantes en el debate sobre las nuevas formas de participación política y de ciudadanía: reflexiones sobre algunas experiencias en España", en *Migraciones*, núm. 15, pp. 113-143. Disponible en: <https://revistas.comillas.edu/index.php/revistamigraciones/article/view/4261/4083>.

PÉREZ SAINZ, Juan Pablo y Minor Mora SALAS. 2009. "Excedente económico y persistencia de las desigualdades en América Latina", en *Revista Mexicana de Sociología*, vol. 71, núm. 3, julio-septiembre, pp. 411-451. Disponible en: <http://revistamexicanadesociologia.unam.mx/index.php/rms/article/view/17757/16936>.

PESSAR, Patricia R. 2005. "Women, gender and international migration across and beyond the Americas: inequalities and limited empowerment", presentado en Expert Group Meeting on International Migration and Development in Latin America and the Caribbean, Population Division Department of Economic and Social Affairs United Nations Secretariat, México. Disponible en: <https://www.un.org/en/development/desa/population/events/pdf/expert/10/P08_PPessar.pdf>.

PESSAR, Patricia R. y Pamela M. GRAHAM. 2001. "The Dominicans: Transnational Identities and Local Politics", en Nancy Foner (ed.), *New Immigrants in New York*. New York: Columbia University Press.

PIPER, Nicola. 2006. "Gendering the Politics of Migration", en *International Migration Review*, vol. 40, núm. 1, pp. 133–164. Disponible en: <https://doi.org/10.1111/j.1747-7379.2006.00006.x>.

PIZARRO, Cynthia. 2009. "Ciudadanos bonaerenses-bolivianos: activismo político binacional en una organización de inmigrantes bolivianos residentes en Argentina", en *Revista Colombiana de Antropología*, vol. 45, núm. 2, pp. 431-467. Disponible en: <http://kt.micrositios.net/action.php?kt_path_info=ktcore.actions.

document.view&fDocumentId=11 970&forceopen>.

—— (coord.). 2011. *Migraciones internacionales contemporáneas. Estudios para el debate*. Buenos Aires: CICCUS.

POINSOT, Marie. 2001. "Le mouvement associatif, un instrument au service des politiques publiques d'intégration?", en *Hommes et Migrations*, núm. 1229, enero-febrero, pp. 64-75. Disponible en: <https://doi.org/10.3406/homig.2001.3628>.

POOLE, Deborah. 2000. *Visión, raza y modernidad. Una economía visual del mundo andino de imágenes*. Lima: Sur Casa de Estudios del Socialismo y Consejería en Proyectos.

PORTES, Alejandro (ed.). 1995. *The Economic Sociology of Immigration*. New York: Russell Sage Foundation.

PORTES, Alejandro y Patricia FERNÁNDEZ-KELLY (eds.). 2015. *The State and Grassroots: Immigrant Transnational Organizations in Four Continents*. New York: Berghahn Books. Disponible en: <https://doi.org/10.2307/j.ctt9qd9c9>.

POSTERO, Nancy. 2009. *Ahora somos ciudadanos*. La Paz: Muela del Diablo Editores.

PRIES, Ludger. 1997. "Migración laboral internacional y espacios sociales transnacionales: bosquejo teórico-empírico", en Macías Gamboa, Saúl y Fernando Herrera Lima (coord.), *Migración laboral internacional: Transnacionalidad del espacio social*. México: Benemérita Universidad Autónoma de Puebla.

—— 2002. "La migración transnacional y la perforación de los contenedores de estados-nación", en *Estudios Demográficos y Urbanos*, vol. 17, núm. 3, pp. 571-597. Disponible en: <http://dx.doi.org/10.24201/edu.v17i3.1151>.

PRIES, Ludger, Dirk HALM y Zeynep SEZGIN. 2012. "Cross-Border Migrant Organizations in their Organizational and Institutional Environment: A Comparison of Countries and Cases", en Pries, Ludger y Zeynep Sezgin (eds.), *Cross Border Migrant Organizations in Comparative Perspective*. Houndmills: Palgrave Macmillan.

PRIES, Ludger y Zeynep SEZGIN (eds.). 2012. *Cross Border Migrant Organizations in Comparative Perspective*. Houndmills: Palgrave Macmillan.

QUIJANO, Aníbal. 2000. "Colonialidad del poder y clasificación social", en *Journal of World-System Research*, vol. 6, núm. 2, pp. 342-386. Disponible en: <https://jwsr.pitt.edu/ojs/index.php/jwsr/article/view/228/240>.

—— 2008. "El trabajo al final del Siglo XX", en *Ecuador Debate*, núm. 74, agosto, pp. 187-204. Disponible en: <https://drive.google.com/file/d/1b0K19BVWCQihtLun0jgAVfOZABZ9nfDt/view>.

QUINTEROS, Carolina. 2000. "Acciones y actores no sindicales, para causas sindicales. El caso del monitoreo independiente en Centroamérica", en *Nueva Sociedad*, núm. 169, septiembre-octubre, pp. 162-176. Disponible en: <http://nuso.org/media/articles/downloads/2887_1.pdf>.

RIVERA CUSICANQUI, Silvia, Colectivo SIMBIOSIS CULTURAL y Colectivo SITUACIONES. 2011. "Teoría del agua sucia. Diálogo con Silvia Rivera Cusicanqui", en *De chuequistas y overlockas. Una discusión en torno a los talleres textiles*. Buenos Aires: Tinta Limón Ediciones.

RODRIGO, Federico. 2018a. *Género y nacionalidad en la cotidianidad de la política. Migrantes bolivianas en un movimiento piquetero de la ciudad de La Plata*. Buenos Aires: Miño y Dávila editores.

—— 2018b. *La producción transnacional del Estado y la nación. La política consular y los procesos de construcción de la "colectividad" en la ciudad de La Plata*, Tesis doctoral, Universidad Nacional de General Sarmiento.

ROMERO, Luis Alberto. 1987. "Los sectores populares en las ciudades latinoamericanas del siglo XIX: la cuestión de la identidad", en *Desarrollo Económico*, vol. 27, núm. 106, julio-septiembre, pp. 201-222. Disponible en: <https://doi.org/10.2307/3466979>.

ROSE, Nikolas. 1996. "Governing «advanced» liberal democracies", en Barry, Andrew, Thomas Osborne y Nikolas Rose (eds.), *Foucault and Political Reason*. London: University of Chicago Press.

ROSE, Nikolas, Pat O'Malley y Mariana Valverde. 2012. "Gubernamentalidad" (trad. Germán Díaz y Valentín Huarte), en *Astrolabio Nueva Época*, núm. 8, junio, pp. 113-152. Disponible en: <https://revistas.unc.edu.ar/index.php/astrolabio/article/view/2042/1037>.

RUBIN, Gayle. 1998. "El tráfico de mujeres: notas sobre la «economía política» del sexo", en Navarro, Marisa y Catherine R. Stimpson (eds.), *¿Qué son los estudios de mujeres?* Buenos Aires: Fondo de Cultura Económica.

SALA, Gabriela. 2000. "Mano de obra boliviana en el tabaco y la caña de azúcar en Jujuy, Argentina", en *Estudios Migratorios Latinoamericanos*, vol. 15, núm. 45, agosto, pp. 337-370.

SASSEN, Saskia. 1991. *The Global City: New York, London, Tokyo.* Princeton: Princeton University Press.

—— 2000. "The Need to Distinguish Denationalized and Postnational", en *Indiana Journal of Global Legal Studies*, vol. 7, núm. 2, pp. 575-582. Disponible en: <https://www.repository.law.indiana.edu/cgi/viewcontent.cgi?article=1190&context=ijgls>.

—— 2001. *Perdiendo el control*. Barcelona: Belaterra.

—— 2002. "The Repositioning of Citizenship: Emergent Subjects and Spaces for Politics", en *Berkeley Journal of Sociology*, vol. 46, pp. 4-25. Disponible en: <https://doi.org/10.1080/14747730500085114>.

—— 2003. *Contrageografías de la globalización. Género y ciudadanía en los circuitos transfronterizos.* Madrid: Traficantes de Sueños. Disponible en: <https://www.traficantes.net/sites/default/files/pdfs/Contrageografias%20de%20la%20globalizaci%C3%B3n-TdS.pdf>.

—— 2010. *Territorio, autoridad y derechos*. Buenos Aires: Katz.

SASSONE, María Susana. 1988. "Migraciones laborales y cambio tecnológico. El caso de los bolivianos en El Ramal jujeño", en *Cuadernos de Antropología Social*, núm. 1, pp. 97-111. Disponible en: <http://revistascientificas.filo.uba.ar/index.php/CAS/article/view/4899/4384>.

—— 2007. "Migración, religiosidad popular y cohesión social: bolivianos en el área metropolitana de Buenos Aires", en Carballo, Cristina (comp.), *Diversidad cultural, creencias y espacios. Referencias empíricas.* Luján: Universidad Nacional de Luján.

SASSONE, María Susana y Judith HUGHES. 2009. "Fe, devoción y espacio público: Cuando los migrantes construyen lugares", en Carballo, Cristina (coord.), *Cultura. Territorios y Prácticas religiosas.* Buenos Aires: Prometeo.

SAYAD, Abdelmalek. 1998. A imigracão ou os paradoxos da alteridade. São Paulo: USP.

SCHNAPPER, Dominique. 1988. "Modernidad y aculturaciones a propósito de los trabajadores emigrantes", en Todorov, Tzvetan (comp.), *Cruce de culturas y mestizaje cultural.* Madrid: Jucar.

SCHROVER, Marlou y Floris VERMEULEN. 2005. "Immigrant Organisations", en *Journal of Ethnic and Migration Studies*, vol. 31, núm. 5, pp. 823-832. Disponible en: <https://doi.org/10.1080/13691830500177792>.

SCOTT, Joan. 2000. "Some more reflections on gender and politics", en *Gender and the politics of history*. New York: Columbia University Press.

—— 2001. "Experiencia", en *Revista La Ventana*, vol. 2, núm. 13, pp. 42- 73. Disponible en: <http://revistala-ventana.cucsh.udg.mx/index.php/LV/article/view/551>.

SEGURA, Ramiro. 2015. *Vivir afuera: Antropología de la experiencia urbana*. San Martín: UNSAM EDITA.

SEZGIN, Zeynep. 2008. "Turkish Migrants' Organizations. Promoting Tolerance Toward the Diversity of Turkish Migrants in Germany", en *International Journal of Sociology*, vol. 38, núm. 2, verano, pp. 78-95. <https://doi.org/10.2753/IJS0020-7659380206>.

SHACHAR, Ayelet. 2009. *The Birthright Lottery. Citizenship and Global Inequality*. Cambridge: Harvard University Press.

SIKKINK, Kathryn. 2003. "La dimensión transnacional de los movimientos sociales", en Jelin, Elizabeth (comp.), *Más allá de la nación: las escalas múltiples de los movimientos sociales*. Buenos Aires: Libros del Zorzal.

SINISI, Liliana. 1998. "«Todavía están bajando del cerro». Condensaciones estigmatizantes de la alteridad en la cotidianeidad escolar", presentado en 1er Congreso Virtual de Antropología y Arqueología. Disponible en: <http://www.equiponaya.com.ar/congreso/ponencia2-2.htm>.

—— 1999. "La relación nosotros-otros en espacios escolares multiculturales. Estigma, estereotipo y racialización", en Neufeld, María Rosa y Ariel Thisted Jens (comps.), *De eso no se habla... los usos de la diversidad sociocultural en la escuela*. Buenos Aires: Eudeba.

SMITH, Michael Peter. 2007. "The two faces of transnational citizenship", en *Ethnic and Racial Studies*, vol. 30, núm. 6, pp. 1096-1116. Disponible en: <https://doi.org/10.1080/01419870701599523>.

SMITH, Michael Peter y Luis Eduardo GUARNIZO. 2009. "Global Mobility, Shifting Borders And Urban Citizenship", en *Tijdschrift voor Economische en Sociale Geografie*, vol. 100, núm. 5, pp. 610–622. Disponible en: <https://doi.org/10.1111/j.1467-9663.2009.00567.x>.

SMITH, Michael Peter y Matt BAKKER. 2008. *Citizenship Across Borders. The Political Transnationalism of El Migrante*. Ithaca and London: Cornell University Press.

SMITH, Robert. 2003. "Migrant Membership as an Instituted Process: Transnationalization, the State and the Extra-Territorial Conduct of Mexican Politics", en *The International Migration Review*, vol. 37, núm. 2, pp. 297-343. Disponible en: <https://doi.org/10.1111/j.1747-7379.2003.tb00140.x>.

SMITH, Shawn Michelle. 1999. *American Archives. Gender, Race, and Class in Visual Culture*. New Jersey: Princeton University Press.

SOLOMON, M. Scott. 2009. "State-led Migration, Democratic Legitimacy, and Deterritorialization: The Philippines' labour export model", en *European Journal of East Asian Studies – EJEAS*, vol. 8, núm. 2, pp. 275-300. Disponible en: <https://doi.org/10.1163/15680 5809X12553326569759>.

SOYSAL, Yasemin. 1994. *Limits of citizenship. Migrants and Postnational Membership in Europe*. Chicago: The University of Chicago Press.

STAVENHAGEN, Rodolfo. 1996. "Los derechos indígenas: algunos problemas conceptuales", en Jelin, Elizabeth y Eric Hershberg (coords.), *Construir la democracia: derechos humanos, ciudadanía y sociedad en América Latina*. Caracas: Nueva Sociedad.

STOLCKE, Verena. 1992. *Racismo y sexualidad en la Cuba colonial*. Madrid: Alianza Editorial.

—— 1999. "New rhetorics of exclusion in Europe", en *International Social Science Journal – ISSJ*, vol. 51, núm. 159, pp. 25-35. Disponible en: <https://www.doi.org/10.1111/1468-2451.00174>.

—— 2000. "La «naturaleza» de la nacionalidad", en *Desarrollo Económico*, vol. 40, núm. 157, pp. 23-43. Disponible en: <https://www.doi.org/10.2307/3455854>.

STONE-MEDIATORE, Shari. 1999. "Chandra Mohanty y la revalorización de la «experiencia»", en *Revista Hiparquia*, vol. 10, núm. 1, pp. 85-109. Disponible en: <http://www.hiparquia.fahce.unlp.edu.ar/numeros/volx/chandra-mohanty-y-la-revalorizacion-de-la-experiencia>.

THERBORN, Göran. 2006. "Meaning, Mechanisms, Patterns and Forces: An Introduction", en Therborn, Göran (ed.), *Inequalities of the World*. London and New York: Verso.

—— 2011. "Inequalities and Latin America. From the Enlightenment to the 21st Century", en *desiguALdades.net Working Paper Series*, núm. 1. Berlín: desiguALdades.net Research Network on Interdependent Inequalities in Latin America. Disponible en: <http://www.desigualdades.net/Resources/Working_Paper/WPTherbornOnline.pdf>.

THOMPSON, Edward Palmer. 1989 [1963]. *La formación de la clase obrera en Inglaterra*. Barcelona: Crítica.

TILLY, Charles. 2000. *La desigualdad persistente*. Buenos Aires: Manantial.

TORPEY, John. 2000. *The Invention of the Passport. Surveillance, Citizenship and the State*. Cambridge: Cambridge University Press.

TRUCCO, Marcelo. 2007. "La nacionalidad en el derecho internacional. Régimen jurídico de la nacionalidad argentina", en *Infojus. Sistema Argentino de Información Jurídica*. Disponible en: <http://www.infojus.gob.ar/doctrina/dasf070028-trucco-nacionalidad_en_derecho_internacional.htm>.

VAN DONGEN, Els. 2017. "Behind the Ties that Bind: Diaspora-making and Nation-building in China and India in Historical Perspective, 1850s-2010s", en *Asian Studies Review*, vol. 41, núm. 1, pp. 117-135. Disponible en: <https://doi.org/10.1080/10357823.2016.1264363>.

VELASCO ORTIZ, Laura. 2002. *El regreso de la comunidad: migración indígena y agentes étnicos. Los mixtecos en la frontera México-Estados Unidos*. México: El Colegio de México y El Colegio de la Frontera Norte.

—— 2005. *Desde que tengo memoria. Narrativas de identidad en indígenas migrantes*. México: El Colegio de la Frontera Norte y Consejo Nacional para la Cultura y las Artes (CONACULTA).

VERTOVEC, Steven. 1999. *Migration and Social Cohesion*. Cheltenham: Edward Elgar Publishing.

—— 2006. "Transnacionalismo migrante y modos de transformación", en Portes, Alejandro y Josh De Wind (coords.), *Repensando las migraciones. Nuevas perspectivas teóricas y empíricas*. México: Secretaría de Gobernación, Instituto Nacional de Migración.

WADE, Peter. 2008. "Debates contemporáneos sobre raza, etnicidad, género y sexualidad en las ciencias sociales", en Wade, Peter, Fernando Urrea Giraldo y Mara Viveros Vigoya (eds.), *Raza, etnicidad y sexualidades. Ciudadanía y multiculturalismo en América Latina*. Bogotá: Universidad Nacional de Colombia.

—— 2009. *Race and Sex in Latin America*. London: Pluto Press.

WALTERS, William. 2012. *Governmentality: Critical Encounters*. Londres: Routledge.

—— 2013. "Foucault, Migrations and Borders" en *materiali foucaultiani*, vol. 2, núm. 3, pp. 201-213.

—— 2015. "Reflections on Migration and Governmentality", en *Movements. Journal für kritische Migrations - und Grenz regime forschung*, vol. 1, núm. 1, pp. 1-30. Disponible en: <https://movements-journal. org/issues/01.grenzregime/04. walters--migration.governmentality.html>.

WEBER, Max. 1964 [1922]. *Economía y sociedad. Esbozo de sociología comprensiva*. México: Fondo de Cultura Económica.

WILLIAMS, Raymond. 2000. *Marxismo y Literatura*. Barcelona: Península.

YUVAL-DAVIS, Nira. 2011. "Beyond the Recognition and Re-Distribution Dichotomy: Intersectionality and Stratification", en Lutz, Helma, Maria Teresa Herrera Vivar y Linda Supik (eds.), *Framing Intersectionality. Debates on a Multi-Facetted Concept in Gender Studies*. Farnham: Ashgate.

YUVAL-DAVIS Nira, Floya ANTHIAS y Eleonore KOFMAN. 2005. "Secure borders and safe haven and the gendered politics of belonging: Beyond social cohesion", en *Ethnic and Racial Studies*, vol. 28, núm. 3, pp. 513-535. Disponible en: <https://doi.org/10.1080/0141987042000337867>.

www.ingramcontent.com/pod-product-compliance
Lightning Source LLC
Chambersburg PA
CBHW022334280326
41934CB00006B/636